教室で話したい
思わず笑っちゃう話

山口 理【著】
やまねあつし【絵】

いかだ社

はじめに

笑いは百薬の長、といわれます。笑って過ごせば、病気など寄りつきもしない、ということでしょうか。確かに実感として、笑うことで気分が爽快になり、また、元気がわき出てくるようにも思えます。声をあげて笑えば、いやなことも忘れてしまうでしょう。明日へのエネルギーを獲得することができるかも知れません。

ところが、気分の重いときなどに、「さあ、笑え」と言われても、なかなか笑えるものではありません。そこには、〝笑い〟を引き出す媒体が必要です。

現代は、幾度目かの「笑いの黄金期」に入っていると思われます。従来の笑いも、漫才や落語として、しっかり生き残っています。さらにその上に「若手お笑い芸人」の登場によって、新しい笑いのカタチも現れ始めました。ユーモアスタイルの多様化とも言えるでしょう。ここで少々、彼ら「若手お笑い芸人」のスタイルに触れてみます。

現在、非常に多くの「若手…」がブラウン管を通し、個性的な芸を見せています。その人気たるや圧倒的なもので、お笑い番組は当然のこと、各種バラエティ番組、クイズ番組、ついには教養番組に至るまで、彼らの姿を見ない日はありません。また、小中学生を対象に、「将来何になりたいか」と聞いてみると、「お笑い芸人」という回答が、必ず上位を占めるそうです。このことからも、現代人がいかに〝笑いの世界〟を求めているかがわかります。

彼らは確かに、お笑いブームの波に乗っている。それは間違いありません。しかし、それだけのことなのでしょうか。わたしは彼らの力に、かなり期待を持っています。そのひとつの理由として、「常に新鮮なネタにとりくんでいる」ということがあげられます。「ああ、またあのネタをやっている」と思う場面が非常に少ないのです。これは、「現代人には、いつも新しいネタをぶつけなければ勝負にならない」という、時代の波を敏感に感じ取っている、かれらの感覚であり、スタンスであると思うのです。

また、テンポの速さ、アドリブの妙など、これまでの日本にはなかった笑いのスタイルをつくりあげつつあるようにも思います。そしてその〝新しい笑い〟の中で育っていく子どもたちと対峙する大人もまた、新しい笑いの魅力をしっかり理解し、楽しみ、センスを磨く姿勢が必要なのではないかと考えるのです。

ところでこの〝ユーモア〟という言葉ですが、これは英語をはじめ、多くの言語で「体液」を意味しています。血液、粘液、胆汁などの体液が調子よく体の中を駆けめぐっている時は、体調が良く、元気で笑う頻度も高い、ということなのでしょう。どうやら笑い（ユーモア）というものは、心身の状態に影響されるもののようですね。ですが、それはまた逆の方向にも作用するものです。つまり、笑うことによって気分が爽快になり、体液にも好影響を与え、心身共に元気になる……というわけです。

話が少々飛躍してしまったようにも思いますが、いずれにせよ、時代はいつも、〝笑い〟を求めています。それはそこに、「明るく前向きなエネルギー」がたっぷりと含まれているからなのです。

教室で、「子どもに元気がないな」と感じたことはありませんか？　また、元気が違う方向に向いてしまい、ガチャガチャとただやかましく、クラスに落ち着きやまとまりがないと、感じたことはありませんか？　そんなときに、この本をお薦めします。この本には、ドタバタ的な笑いだけではなく、子どもの思考回路を刺激する笑いが、ぎっしりとつまっています。エスプリのきいた笑いあり、ウィットに富んだ笑いあり、落語的な面白さあり、ハイテンポな笑いあり……。

さあ、この本を頼りになる味方にして、笑いとエネルギーに満ちた、楽しいクラスをつくってください。

山口　理

本書活用の基本テクニック

本書には、「読み聞かせる笑い（本編、ストーリーもの）」と、「単発の笑い（笑いのネタ）」二種類の笑いを盛り込んであります。場面や状況に応じてどちらを、また、どの話を引っ張り出すか、それはこの本を手にした読者である、あなたが決めればいいことです。

そこで、この本を効果的に活用する上での、基本テクニックをいくつかご紹介しましょう。

1 どんなときに

結論から言えば、「いつでもいい」のです。ただ、時間の余裕や子どもたちの様子から、次の点を念頭に置いておきましょう。

① 授業のあまった時間を使う

区切りの良い箇所にきたときや、予定内容を早めに消化してしまったときなどで、まだ授業時間が残っているような場合に活用します。残り時間の長さに応じて、本編を選ぶか、「笑いのネタ」にするかを選択します。

②導入（雰囲気作り）として

「子どもたちの元気が今ひとつだな」と感じたり、「この授業は、盛り上げたい」などと思うときに、導入として活用します。こんなときには、「笑いのネタ」の方が適しているといえるでしょう。

③時間を特設して

時には、少々長めの時間を設定して、じっくり話してあげるのもいいでしょう。「この授業を頑張ったら、先生が面白いお話を聞かせてあげる」と前置きしておけば、授業に対する集中度も高まるはずです。こうしたときには、本編（ストーリーもの）の方が適していると思われます。

④補教時に

時々、他の学級に、補教に入ることもあるでしょう。自習内容がしっかりと用意されていればよいのですが、突然の年休などでそれが不十分であることも、少なくありません。そんな時に、この本が大活躍をします。楽しい話で人気者になること、うけあいですヨ。

2　どんな話し方で

「怪談」などは、通常の会話よりも、ゆっくりと話した方が効果的です。ところがこの「笑いの話」は、逆にポンポンと、早めに調子よく話した方が、ウケがいいのです。特に、笑いのネタの中の〝だじゃれ〟に属するものは、ゆっくりと読んでは効果が薄いものです。小気味よく、はずむように読み飛ばす方が、持っている面白さを引き出すことができます。

しかし、〝方言〟のように、しっかり聞き取らないと意味が伝わりにくいものは、その限りではありません。

もし子どもたちが、シチュエーションのわかりにくさ（本編などで）を感じているようでしたら、板書などにより、視覚にも働きかけながら話を進めると、楽しさ、わかりやすさが倍増です。また、先生のジェスチャー入り、なんていうのも大うけ間違いなしです。

3　活用のバリエーション

①　授業の中に組み入れて

主に笑いのネタを活用します。「方言の会話」や「だじゃれ都道府県」などを学習の際に、楽しく学ばせる手法、教材として活用することができます。

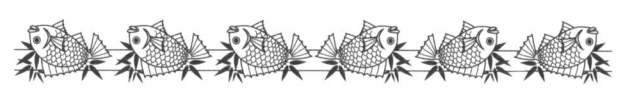

②子どもに演じさせる

「おもしろ会話」の場面を掛け合いで演じさせたり、本編の中の話を、役を決めて演じさせたりするのも楽しいでしょう。発表に自信がついたり、友だちとのコミュニケーションがはかれたりと、思わぬ効果が期待できるかも知れません。林間学校や、修学旅行での出し物にも使えそうですね。

③自分の話の中に

本を読んで聞かせる、ということではなく、自分自身の話の中に、この本のギャグをとり入れてしまうのです。タイミングよく使えれば、「おっ、先生ってなかなかギャグのセンスあるな」と、子どもに見直されちゃうかも知れませんよ。「さむ～い」とか「おやじギャグ！」と言われても、気にしてはいけません。胸を張って、子どもたちを笑いの世界に引きこんでください。

新品のスニーカー

　今日からおれは、四年生だ。四年生ったら、もう高学年の仲間入りだもんね。いやでもはりきっちゃうよ。

「それじゃ、かあちゃん。いってきま〜っす！」

「ああ、いっといい……。ちょっと健太《けんた》。なんでそんないいくつはいて行くのさ」

　うっ、見つかったか。うちのかあちゃんって、とにかくケチなんだ。

「いいじゃん。なんたって今日は始業式だよ、始業式。それも、晴れて高学年の仲間入りをするってめでたい日にさあ。それにこれは、スニーカーってんだ、スニーカー」

「ああ、だめだ、だめだ。くつがへる、よごれる、すり切れる」

「じゃ、いつはくんだい。結婚式の時にでもはけってか」

〝いいくつ〟ったって、たかがスニーカーだぜ。

「来週、高木《たかぎ》さんちにおよばれしてるだろう。そん時、はきゃあいいじゃないか。今日は雨がふるかもしれないいんだよ」

「はいはい、そうします。高木さんちにはいていきますよ。よくわかりました」

おれはダッシュで、げんかんをとび出す。

「な～んちゃって。はいてきちゃったもんね～」

だいたい、ふつうの親だったら、子どもにゃできるだけいいカッコさせたがるもんだ。まったく、へんな親で子どもは苦労がたえないよ。

「お～い、ユッチ。おはようさん」

おれはいつものように、友だちの勇一《ゆういち》をさそって登校だ。

「どうだ、おれ、今日から四年生だぞ。少し、成長したかな」

「おれも四年生だけど……。成長？　う～ん、そういえば成長したかな？」

やっぱ、そうだろう。きのうまでのおれとはちがって、四年生なんだからな。

パン屋のショーウインドーに、おれのすがたがうつった。ま新しいスニーカーが、おれの成長を物語ってる。そういえば、道ゆく人がみんな、おれのスニーカーに注目してるような気がする。そんなに見ちゃ、いやだってばさ。

「どうだ、ユッチ。今日のおれ」

「う~ん、成長したな」

わかってんのかな、こいつ。

「ほら、もっと下の方をさ。なんかこう、かわったとこないかよ」

「下の方？ ……あっ、空きかんが落ちてる」

おれは、ユッチの頭をひっぱたいてやった。ちぇっ、もういいや。おれは頭に来て、さっさか早足で歩いた。

「ちょっと待ってよ、けんた。どうしてそんなに急ぐんだよう」

ユッチがついてくる。ふん、こんな薄情なヤツといっしょに登校なんか、しないよ~だ。おれは、いっそう足を速める。ユッチも必死についてくる。

（ええい、ついてくるなあ！）

早足がジョギングに変わった。な、なんだユッチのやつ、まだついてくるぞ。

くっそう、追いつかれてたまるか。

今度はダッシュだ。全力スパート！ おっ、ユッチも全力を出しやがった。

「けんた、何やってんだ?」

俊之《としゆき》を追い越した。だけど、返事なんかしてるよゆうはない。よっし、校門を入った。五メートルのリードだ! そのまま一気にゴール!

「はあはあ、ふうふう。やった、おれの勝ちだ」

「ヒイヒイ、どうして急に、ゼエゼエ、走ったりするんゴホゴホ、だよう」

「どうしてって……。あれっ、どうして走ってたんだっけ?」

あんまりつかれて、そのあたりがよくわかんなくなった。ま、いっか。

「やれやれ、朝からひどい目にあったな」

スニーカーをくつばこにしまう。

「あれ、けんた、くつ変えたのか?」

「今ごろ気がついたのかよ、にぶいやつだな。うふふ。スニーカーだってば」

おれは、ピカピカのスニーカーを見て、思わずニンマリしちまった。

「みんなこのスニーカー見て、『おおっ、すげえ』とか言って、おどろくんだろうな。いや、こまっちゃうな、おれ。うひーっ」

やがて始業式が終わり、教室に入る。だれも、スニーカーのことを話題にしてない。

「なあ、みんな、なんか変わったもの見なかった？　何かが新しいとか、ピカピカとかさ」

「なんかって……。教室が変わったよなあ。今日から新しい教室だ」

「そ、そんなんじゃなくってよ、もっと身近なものでさあ」

「身近？　ああ、ぞうきんかけが新しくなってる」

だめだ。このクラスはにぶいやつばっかなんだ。

新学年の第一日日なんて、あっと言う間に終わっちゃう。早くも帰りの時間だ。おれはおれの帰りを待ってる、新品のスニーカーに向かって、ろうかを走った。

「お待たせ、ぼくのスニーカーくうん！」

ゲゲッ、ところが入れたはずの場所にスニーカーがない。

「ぼくのもないよう」

ユッチのくつも、なくなってる。

「……くつかくしだ。あんまりいいスニーカーなんで、ねたまれたんだ。ふむ、それにしちゃユッチのくつまでないのは、ちと変だな」

ぼうぜんと立ちつくすおれとユッチを、新三年生がバカにしたような目で見て言った。

「新四年生のくつばこは、今日から南校舎の昇降口じゃないの？」

あっ、そうだ。今日からくつばこも変わってるんだ。ということは、朝も間違えて、ここへ入れちまったってことか。

「そそそ、それで、ここにあったくつは、どこへ行ったんだ。どこへやったんだあ！」

「く、苦しい……」

思わず三年生の首をしめちまった。

「し、知らないよう」

それもそうだ。その時、ユッチが「あっ」と声を上げた。

「もしかすると『全校落とし物箱』かも」

おれたちは、職員室横の、「全校落とし物ばこ」に走った。

「おっ、あった、あったぞ。これぞ奇跡……」

そこまで言って、おれの口はあんぐりとなった。習字の墨がべっとりついたぞうきんといっしょになってた、おれのま新しいスニーカーは、あわれにもまっ黒け。どういうわけか、ユッチのくつは無事だった。そんな……。世の中、まちがっとる！　どうして、ユッチのうすよごれたくつが無事で、高木さんちのおよばれにはいてく、おれのスニーカーがまっ黒けなんだ。あ～あ、初日からついてない。かあちゃんのいかりくるった顔が、目にうかぶ。……なんてこった。いつの間にか外は大雨だ。おまけにかさもわすれた。

「けんた、おれのかさに入っていくか？」

　ユッチのかさは、新品だった。

「うるさい！　おれはひとりで帰る！」

　びしょぬれのふくと、まっ黒けのスニーカーで帰ったおれに、かあちゃんの雷がおそいかかったことは、いうまでもない。とほほ……。

ああ、なみだのカンチガイ

今日は〝子どもの日〟だ。

「どっかつれてってよう。ねえ、おとうちゃま〜」

「くっつくなっつーの、きもちわるいな」

おかあさんと妹の奈々《なな》は、夕方から「子どものレディスなんとか」っていう、女だけのお楽しみイベントにでかけるんだ。

「だいたい子どもの日ってのは、男のためにあるんだよな」

「ああ、もともとは『端午の節句』っていってな、男の子のお祝いの日なんだよ。女には三月三日に『ももの節句』ってやつがあるもんな」

おとうさんは、ものわかりがいい。

「ようし、それじゃ、今夜は男二人で『ヤキニク』ってのはどうだ?」

うわっ、ぼくの大好物だ。子どもの日のプレゼントにしちゃ、ちょっとしけてるけど、ヤキニクならまあいいや。よしっ、お腹いっぱい食べてやるぞ。


昼ごろ、おかあさんが買い物から帰ってきた。

「お昼ごはん、買ってきたの。今日はちょっといそがしくてね、作ってるひまなかったから。はいっ、類《るい》の好きなもの、買ってきてあげたわよ」

ドサッとふくろから出てきたのは、ホカホカのハンバーガー。

「類の大好きな『ヤキニクバーガー』、どっさりよ。好きなだけ食べていいわよ」

ぼくは一瞬、頭の中がクラクラッとした。たしかに大好きな『ヤキニクバーガー』だけど、よりによってどうしてこんな日に。

「おかあさんって、けっこういじわるだね。いいよぼく、食べない。こっちのチーズバーガー食べるから」

「どうしたのよ、類。ふくれっつらして。いいわよ『ヤキニクバーガー』は、みんな大好きなんだから」

おとうさんまでがふしぎそうな顔して、ぼくを見た。

「どうしたんだ類。ごきげんななめじゃないか。じゃ、おれがごちそうになるかな」

そう言っておとうさんは、うまそうに『ヤキニクバーガー』にかぶりついた。

「うーん、うめえ〜。ほれ、うめえぞ。あー、たまんねえ」

プーンといい匂いが……。

「わざわざ、ぼくの頭の上で食べないでよ！」

(腹立つなあ。だけど、夜になればもっとずっとおいしい肉が食べられるんだ。フフフッ、ぼくは、特上食べてやるぞ。それまでがまん、がまん。ああ、早く夜にならないかな)

四時をすぎたころ、おかあさんと奈々が出かけていった。

「ねえ、おとうさん。ぼくたちもそろそろ行こうよ。ぼく、おなかすいてきちゃった」

「そうか。じゃあとちゅうで何か、食べていくか」

「あはは、おとうさんも、しゃれたジョーク言うじゃん」

「は⁉」

ということで、ぼくとおとうさんは、まもなく家を出た。

「さて、ちょっと急ぐか。早くしないと、席がなくなっちまうかもしれないから」

へえ〜、そんなに人気のあるヤキニク屋なのか。さぞ、おいしいんだろうな。ううっ、楽しみだなあ。

「ええっと、JRでいくか。するってえと、千駄ヶ谷《せんだがや》……っと」

千駄ヶ谷？　ぼくんちは葛飾区《かつしかく》の金町《かなまち》。ずいぶん遠くまで行くんだな。

「まさか、電車に乗って行くなんて思ってなかったよ。そんなに有名なとこなの？」

「有名もいいとこだ。さあ、急ぐぞ」

おとうさん、きっと前に行ったことがあって、よっぽどおいしかったんだろうな。それとも、雑誌かなんかにしょうかいされてた店なのかな？　ぼくの期待は高まる一方だ。

やがて電車が、千駄ヶ谷の駅に着く。ラッシュアワーみたいにものすごい人出だ。

「なんでこんなに人がいるんだろう？　それもみんな、ぼくたちと同じ方向に歩いて行くね。この人たちみんな、ぼくたちと行くところがいっしょだったりして。あはは」

「ああ、たぶん、そうだろうな」

めったにギャグなんか言わないおとうさんが、今日は連発してる。なんか、ちょっぴりイヤな予感。空を見あげたら、ちょっと天気があやしい。ますますイヤな予感が……。

「さあ、着いたぞ。急いで席をさがそうか」

「な、なにここ。神宮球場じゃない！」

ぼくはなんだか、きつねにつままれたみたいな気分になった。

「そうだよ。ドームじゃなきゃ、やだってか？　ぜいたく言うんじゃない」

「そ、そうじゃなくって、今日は、『ヤキニク』って……」

「ヤキニク？　何言ってるんだ、類。おれは、『野球に行く』って言ったんだぞ」

ななな、なんだって！　野球に行くぅ!?

「『ヤキニク』なんかより、ずっといいだろうよ。ほら、早く席をさがせ。自由席なんだから、できるだけ前のほうで見つけるんだぞ」

とほほ、なんてこった。野球は好きだけど、こんなことなら、昼にヤキニクバーガーうんとこさ食べときゃよかった。

「あった、あった。いいとこがふたつ空いてたぞ」

まあいいか、しかたないや。と、その時、

「あっ、雨だ！」

ついてない。いきなり、雨がふってきた。かさなんか持ってきてないから、あわてて、ひさしの下にひなんだ。ちぇっ、せっかくいい席、見つけたのになあ。

雨はますます、はげしくなってきた。そして四十分後、神宮球場に無情なアナウンスがひびき渡る。

「雨天のため、本日のヤクルト対巨人の試合は、中止とさせていただきます」

ガーン！　ガックリして、ぞろぞろと出口に向かう人、人、人……。

「しかたないな。さて、おれたちも帰ろうか」

くっそう、こんなことでめげてたまるか！

「おとうさん、帰りにどこかでヤキニク食べて帰ろうよ」

「おお、いいねえ」

やった。おとうさんもさんせいしてくれた。かなり遠回りしたけど、どうにかヤキニクにはありつけそうだ。

「あっ、あそこにヤキニク屋がある！」

だけど、そこは超満員。別のヤキニク屋も、超、超満員。球場を出るのがおそかったんだ。中止でむしゃくしゃしてる人たちが、みんなヤキニク屋に入ってるんだ。

「あ〜あ、徹底的についてないな。しかたない、帰るか」

けっきょくぼくとおとうさんは、ずぶぬれの体のまま、駅の立ち食いそばを食べて、家へともどったのだった。ああ、ヤキニクバーガーやーい！　へ、ヘックショーイ！

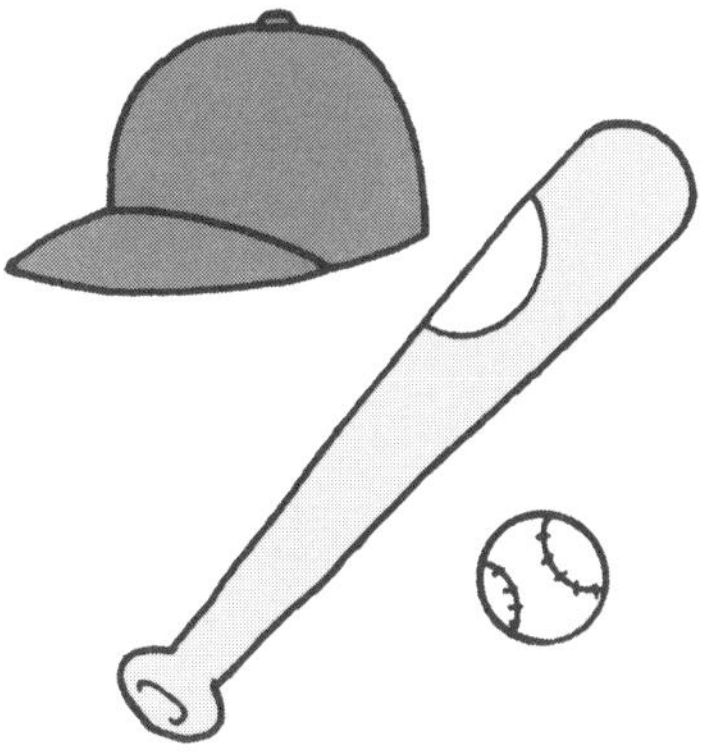

ずっこけ会話編

笑いのネタ1

1 調律師

わたしの家に、ピアノの調律師がやってきた。

「はい、終わりましたよ」

調律師がそう言うと、お母さんがお茶を運んできた。

「お疲れさま。どうぞお茶でも」

ところが調律師は、背中を向けたままで帰りの用意をしている。

（まあ、無愛想な人ね）

そんなお母さんのようすを感じ取った調律師が言った。

「すみませんね。ちょっと耳が遠いもので……」

＊調律師は「聴覚が命」であることを理解させておくと良いでしょう。

2 写真コンクールで

ある写真コンクールで、ひとりの写真家が先輩に聞いていた。

「ぼくの作品は、どうでしょうか」

「ああ、君の写真は、じっくりと見られる数少ない作品だね」

「それは、ありがとうございます」

「他の人の作品は、人だかりがすごくて、ゆっくり見られないんだ。その点、君の作品の前はガラガラだからね」

3 食事中

食事中に、つい「プーッ」とおならをしてしまったあきと君。お父さんが、ちょっとコワイ顔をして言った。

「何だ、あきと。食事中におならなんかして」

すると、あきと君は、こう言い返した。

「何だ、ぼくのおなら中に、食事なんかして」

4 ラーメンの注文

かかってきた電話に出たのは、一年生のゆうかちゃん。電話を切ると、急いでキッチンの方へ走っていく。

「なにしてるの？　ゆうかちゃん」

お母さんが、不思議そうな顔をしている。

「あたし今、忙しいの」

そう言って、ゆうかちゃんは、インスタントラーメンの袋を取りだした。

「どうしたの？　おなかがすいたの？」

「今の電話ね、『二丁目の木村ですけど、ラーメン三丁お願いします』っていう電話だったから」

5 覚えやすい歌

「今から『さんぽの歌』を紹介します。♪ぽぽぽ♪終わりです」
「わたしは、『ヨン様の歌』を歌います。♪さまさまさまさま♪　おしまい」
「だめだよ、そんな短い歌。ぼくが紹介するのは、『とうさん、かあさん、ありがとう』です。♪とうとうとう　かあかあかあかあ　ありありありありありありありあ
りありありありありあり♪　以上で～す」
＊理解できなかった子には、指を折って数えさせてみると良いでしょう。

6 愛読者

あこがれの作家に会えたお母さん。

「わたし、先生の作品をいつも愛読しています」

「それはどうも、ありがとうございます」

「いつも枕元に置いてあるんですよ。先生のご本を読むと、すぐにぐっすり眠ってしまいます。おかげで朝は、いつもスッキリ起きられるんです」

「……」

7 注文してから遅い料理店

注文をしても、なかなか料理の来ないレストラン。たまりかねた男の人が、店長をつかまえてこう言った。

「いったい、いつまで待たせるんだい」

すると店長は、ペコペコ頭を下げながら言った。

「申し訳ありません。えーっと、ご注文を受けたのはどの店員でしょうか。あの若い店員ですか？　それともあちらの白髪の店員ですか？」

「白髪の店員さんだよ。ただし、注文したときは、まだ黒い髪だったけどね」

レストランなんか、きらいだ！

「久しぶりだなあ、家族でレストランで食事だなんて」

ぼくは、ウキウキの足どりで、テーブルについた。

「ねえ、おかあさん、ぼくね……」

ふと顔を上げたら、知らない人の顔だった。

「お兄ちゃん、何やってんの。こっちだよ」

妹のあやかが、はずかしそうに手まねきをしてる。ぼくはダッシュで、その席を離れた。

「ああ、びっくりした。いきなり知らない人なんだもん。へんな人たちだなあ」

おとうさんとおかあさんは、「またか」って顔して、ぼくをちらっと見た。さてと、へんな人たちのことはわすれて、ごはん、ごはんっと。

「あたし、オムライス！」

あやかが、まっさきに決まった。ふふふ、オムライスだなんて、子どもだなあ。

「ぼくは、スパゲッチー・ボンゴレね」

どうだ、ぼくって大人だろう。……でも本当言うと、ぼく、これ初めて食べるんだ。なんか名前が大人っぽい感じだから。

「お待たせしました」

オムライスと、スパゲッチーが先に来た。あやかは、さっそくオムライスにとびつく。ぼくは、料理がそろうまで待ってるんだ。

「たくみ、先に食べていいんだぞ」

おとうさんは、そう言ったけど、ぼくは「みんなのが来てから」と、上品に答えた。

やがて、おとうさんの「イタリアンハンバーグ包み焼き」と、おかあさんの「ミックスフライセット」が到着。

「じゃあ、いただきましょうか。たくみ、お待たせね」

「は？」

まだ、ぼくのが来ていない。ひょっとして、わすれられてしまったのではないか。ぼくは、手元にあったスプーンを振り上げ、大きな声で言った。

「すみませーん。スープ、まだですかあ?」

ぶぶっと、おとうさんが吹きだした。おかあさんは、フライをのどにつまらせたらしく、コンコンと、むせていた。

「ばかね、お兄ちゃん。それ、スパゲッティを食べるときのスプーンよ!」

あやかがこわい顔をした。そういえば、ほかにもスパゲッティを食べてる人がいるけど、スプーンを使って食べている。なーんだ、そうだったのか。そうならそうと、最初から言ってくれればいいのに。

「不親切なレストランだね」

ぼくは、何事もなかったように、大人のスパゲッチー・ボンゴレを口に運んだ。

(うっ、いかん。どうしてこんな時に……)

「ちょっと、トイレ行って来る」

「いやあね。食べ終わるまで待てないの?」

あやかは、まるでくさった納豆を見るような目で、ぼくを見てる。

「あ、あ、そ、それが急に……。う〜っ」

「早く行ってきなさい」

おとうさんが、たすけてくれた。ぼくはこのレストランで二度目のダッシュをかける。

「も、もれる……、あっ、まずい！」

小さい男の子をつれたおとうさんが、トイレに向かってる。もし、「大」の方へ行かれたらピンチだ。なにしろ「大」の方は、ひとつしかないんだから。

さらにスピードアップして、ぼくの方が一足先に、飛びこんだ。

（ふう、やったぞ。これでひと安心だ）

ホッとしているぼくの耳に、男の子のこんな声が聞こえてきた。

「先に入られちゃったね、おとうさん」

（ふっふっ、世の中はきびしいのだ。実力の世界よ）

「一度、もどろうか」

「ぼく、ここで待ってる。さっきのお兄ちゃんが出てきたら、教えてあげるね」

（げげっ、なんというよけいなことを！　それにおとうさんも、こんな小さな子をおいて、「そうか」なんて行っちゃったらだめじゃん）

まあ、そんなことはどうでもいい。それよりも早く用をたしてしまおう。ところがいざ用をたそうとすると、これがなかなかしぶとい。さっきまでの腹痛はどうしたことだ。

その時、またも男の子の声がした。

「すいませーん、うんこですかー?」

「そ、そうだよ」

出るべきものが、よけい出にくくなった。

「もうすぐ出ますかー?」

「ももも、もうちょい」

ぼくは、こんなトイレの中で、知らない子と会話をしている自分が悲しくなった。

「ぼくのおとうさんも、うんこしたいんだって。もう、出ましたかあ?」
バ、バカ。大きな声を出すんじゃない。ぼくは、もう〝用事〟をあきらめて、一刻も早く、この場を立ち去ろうと決めた。
(ま、まあいいさ。もう、したくなくなっちゃったし)

ぼくは、この男の子に負けたわけではないと、自分に言い聞かせながら、ドアを開けた。と、その時だ。

「おとうさーん、お兄ちゃん、うんこ終わったって。もう、あいたよ~!」

テーブル席に向かって、そうさけんだのだ。ぼくは顔をふせるようにして、足早に自分のテーブルへともどった。すると三人は、なぜかぼくから目をそらしている。お母さんの、小声が聞こえた。

「他人のふり、他人のふり」

そりゃないよ。ちょっと～、家族じゃないの～！

くっそう、もうレストランなんか、とうぶん来ないぞう！

旅はハジのかきすぎ……？

いやあ、久しぶりね。家族で温泉旅行なんて。それにしても、ワクワクする。〃温泉〃っていうのはちょっとおばさんくさいけど、それはそれで楽しいわよね、きっと。それに、近くには巨大ジェットコースターの遊園地もあるし、〃なかよし動物ランド〃もある。

「く～っ、楽しそう～！」

「いてっ、なにすんだよう」

いけない。つい興奮して、弟の頭をバシバシたたいちゃった。

車は、大通りに向かって、ずんずん走る。

「後ろの車、チョーださいね」

「そうね。あんな車じゃ、あたしたちが行くような、山の温泉なんか行けないわよね」

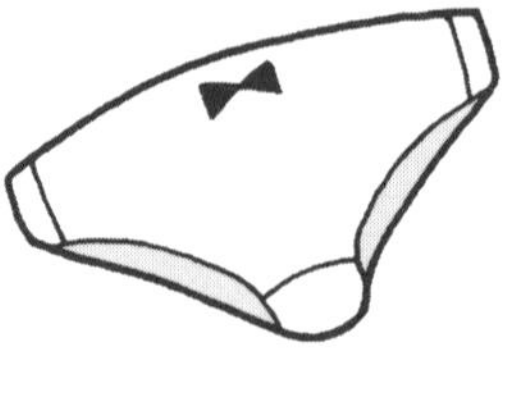

と、あたしが笑ったとき、赤信号で車が止まった。当然、後ろの車も止まる。すると、その車のドアが開き、サングラスをかけたこわそうなおじさんがおりてきた。そして、あたしたちの車に向かって、歩いてくるの。

「ま、まさか、さっき言ったことが聞こえたんじゃ……」

そのおじさんは、運転席の横でスッと止まり、そして、窓ガラスをゴンゴンとたたいた。

「あっ、あわわ。さ、さっきのことはほんの冗談で……。ご、ごめんなさい！」

「あのー、左のブレーキランプ、切れてますよ」

「は!?」

そしておじさんは車にもどっていった。なーんだ、ただの親切なおじさんじゃん。

「サングラスなんかかけてるから、いけないいんだよ！」

おとうさんがおこってる。なんか、ちがうような気もするんだけど、ま、いっか。

高速道路に入った。ビュンビュンとばす。最初のドライブインで休憩にしたけど、レストランがめちゃくちゃ混んでる。おかあさんが困った顔で言った。

「席があくまで待ってたら、おそくなっちゃうわね」

結局、お弁当を買って、食べることにした。あたしはハンバーグ弁当よ。

「ねえ、おかあさんさあ……」

あたしの横で、小さな男の子が、おかあさんらしい人と話をしてる。

「ここにいる人って、みんなおかあさんから生まれたの？」

「何よ、いきなり。ええ、もちろんそうよ」

ちょっと品の良さそうなおかあさん。その顔を男の子が、まじまじと見て言った。

「ふーん、おかあさんって、いったい何人の人と結婚したの？」

あたしは思わず、吹きだした。

（な、なかなかギャグのセンスがある子ね。負けた。こっち向いて食べよう）

あたしは、その子から視線を外した。と、そこにもへんなやつがいた。弟だ。

「あんた、なんでそんなに急いで食べてんのよ」

「だって、お弁当に書いてあるんだもん。『お早めにお召し上がりください』って」

あ〜、今日はなんだか、あたしの近くにへんなやつばっかりいる。なんか不吉な予感。

「わあー、すごいホテル。りっぱね〜」

家族全員、大感動。だって、20階建てくらいの、超・豪華なホテルなんだもん。

「こんなところに、あんな料金で泊まれるなんて、うそみたいね」

ロビーに入ると、目がクラクラした。あんまりりっぱすぎて。

「あのー、予約しておいた太田《おおた》です」

と、受付の男の人が予約券をまじまじと見た。

「これ、お隣のホテルですが……」

どうりでおかしいと思った。あわてて、走って移動。

「しっかりしてよ、おとうさん」

「ま、まあここも、なかなかいいじゃないか」

そうかなあ。さっきのホテルを見ちゃったから、なんかおそまつ。9階建てなのはまあいいんだけど、とにかく古いのよね。オバケでも出そう。

ロビーで受付をすませると、部屋のキーを渡された。

「909号室か。おっ、最上階じゃないか。ついてるなあ」

部屋までだれかが案内してくれるのかと思ったら、自分たちでかってに行くのね。指示されたとおりに、廊下を歩く。

「ねえ、まだ?」

弟がさわぎだした。無理もない。いくら歩いても、なかなか部屋にたどり着かないんだもん。

長い廊下を歩く。白かったかべや天井が、いつの間にか古びた茶色になってきた。床もギシギシ音がする。

「こっちは旧館なんだな。やれやれ、どうりで安いと思ったよ」

一応エレベーターはある。

「あっ、ここ、ここ」

たしかに『９０９号室』とある。入り口のドアは開けっ放しだ。

「ちょっと古いけど、まあ、こんなもんだろう」

たたみも茶色い。天井にもシミがある。やっぱり、さっきのホテルがいい〜！

「しゃあない。おかあさん、お風呂行こう」

あたしは、おかあさんといっしょに、お風呂へ向かった。

「おっ、ここはなかなかいいじゃん」

けっこうきれいなお風呂で、ちゃんと露天風呂もある。ここって温泉だもんね。部屋よりも、かんじんなのはお風呂よ。

あたしはたっぷり温まってから、髪を洗った。

「ぷはーっ、いい気持ち。旅の疲れが吹き飛ぶね」

と、ここまではよかったが、どうもヘンだ。おかしいな。

「あんた、なんでリンスで頭洗ってるのよ」

なんだ、どうりで泡立ちが悪いと思った。んもう、ちゃんと〝リンスイン・シャンプー〟にしてくれなくちゃ、だめじゃん。

今度はちゃんと、シャンプーで髪を洗う。けっこう〝きつめ〟のシャンプーで、目をきっちりつむってガシガシ洗う。

「ねえねえ、おかあさん。おけはどこ?」

あたしは、右隣にいるはずのおかあさんを、ペシペシたたいた。

「ねえってば!」

今度はもっと強く、「パチン」とたたいた。

「痛いわよ、おじょうちゃん」

へ? 聞いたことのない声。顔の泡を流して見ると、知らないおばさんだった。

「何やってるのよ、真奈美《まなみ》!」

おかあさんは、いつの間にか湯船につかってる。そうならそうと、ちゃんと言ってよ〜。

すぐに体をふいて脱衣場へ。おかあさんは、あきれた顔でやってきた。

「んもう、おかあさんのせいで、はじかいちゃったよ」

なのにおかあさんは、知らんぷりしてる。

「あっ、いけない。着替え、部屋のざぶとんの上にわすれてきちゃった。まあいいや」

やっぱ、湯上がりは気持ちいいなあ。部屋に帰って、サイダーでものもうっと。

「ええと、９０９号室は……っと。あ、ここだ、ここだ」

部屋に入り、ふすまを足でガラッと開ける。

「あたし、パンツわすれちゃってさあ……」

そこまで言って、あたしの目は点になった。そこには、ぜんぜん知らない人たちが四人、ちょこんと座ってた。

「あ、あれ？　部屋、間違えたかな？」

するると、ひとりのおじいさんが言った。

「さっきここにいた男の人と男の子ね、自分の部屋へ行ったよ。６０６号室」

あちゃーっ、おとうさんったら、かぎの番号をさかさまに読んだな。

「す、すいません」

「あ、おじょうちゃん。これ、あんたのじゃないのかい？」

そう言って、さっきのおじいさんが、〝くまさんがらのパンツ〟をひらひらさせていた。顔から火の出る思いで、そのパンツをひったくる。ふと気がつけば、おかあさんは、とっとと、この場から脱出していた。んもう、ずるいぞ〜！　スリッパで走りだしたあたしは、廊下で思いっきりころんだ。はずかし〜！

笑いのネタ2

1 全力で

ぼくは明日、大きな手術を受けることになっている。お母さんが心配そうな顔で、担当のお医者さんに聞いた。

「先生、手術はうまくいくでしょうか」

「大丈夫です。全力でやりますよ。何しろわたしだって、今度も失敗したら、医師免許を取り上げられてしまうんですから」

2 修理工場で

車の修理工場に、ひとりの男がやってきた。

「下り坂になると、ブレーキの利きが悪くなるような気がするんだ」

すると、修理工が言った。

「ここに下り坂はないので、すぐには調べられませんね」

「スピードをあげて走ると、エンジンからへんな音がするんだ」

「ここでスピードを出して走るわけにはいかないので、すぐにはちょっと……」

「少し、ガソリン臭いんだ。どこか漏れてるんじゃないかな」

「あ、それならすぐに調べられますよ」

そう言って、修理工は、ポケットからマッチを取りだした。

おー、こわ！

＊学年によっては、どこがコワイのかをフォローしてあげる必要があるでしょう。

3　注意事項

その水族館には、大きなサメのプールがあった。

「あっ、あぶない！」

ひとりの人が、足をすべらせてプールにドボン！　そこへ係員が走ってきて、こうどなった。

「こらあ、エサをあげるなって書いてあるだろう！」

4　確率の問題（？）

一年も終わりに近づいたある日のこと。遊覧飛行のセスナに乗り込んだ家族がいた。エンジンがかかり、どんどん高度をあげていくセスナ。間もなく、ガタガタと音がしてきた。不安になった父親が、パイロットに尋ねた。

「このセスナ、何だかポンコツみたいだけど、大丈夫かい？」

「ええ、トラブルは、年に一、二回しか起こりませんから」

「なんだって!?　それで、今年もトラブルはあったのかい？」

「いえ、今年はまだなんです。今日あたりがそろそろあやしいかなと、思っているんですけどね」

地球最大の決戦

このごろ雨の日が多い。もう、梅雨に入ったのかなあ。

「今日は、家にだれもいないし……。よしっ、あれを、しあげちまおう」

おれは、正月に買ったプラモのロボットを、半年もかけて、ちびちびと作ってる。それがもうちょいで、完成するんだ。このおれ、本田《ほんだ》英二《えいじ》、一世一代の傑作が！

「ええと、あとはミサイルの発射装置を取りつけて……と」

しんちょうにバネをはめこんでいく。ところがこれがなかなかうまくいかない。

「もうちょっとこう……。あれえ、なんで入んねえんだ？　よっこらしょっと」

おれが力まかせにバネを押しこんだそのときだ。ビヨヨヨ～ン。バネがどっかに、すっ飛んでった。

「あっ、まずい。あれがねえと、ミサイルが発射できねえよう」

おれは、つくえの下だの、本だなのうらだの、ベッドの下だの、あちこちを必死にさがした。けれど、どこにもない。

「だめだ、代わりのバネをさがそう」

おれは、とうちゃんの工具箱をさがしてみた。あった、あった。こいつならきっとバッチリだ。それは、ブリキとかを切る、強力なはさみについてる、ぶっとい強力バネだ。これならきっと、ド迫力のミサイル発射が、期待できるぞう。おれは、よっこらしょっと、はさみからバネを取りはずした。今度はそいつを、ロボットのミサイル発射口にねじこまなくちゃならない。

「よっこらしょっと。ええい、入れ、このやろう！」

むりやりねじこむ。とちゅうで一度、〝ミシッ〟って音がしたけど、どうにかあなの中におさまった。

「ふうっ、苦労かけやがって。さあてと、発射実験、行くぞ！」

バネをギリギリと、ちぢめていく。

「む、むむ。か、かてえ！」

さすが、ブリキを切るはさみ用のバネだけはある。すげえ強力だ。

「くくっ。とりゃあ！　よし、何とかちぢんだぞ。あとはミサイルを取りつけて、と」

またも、期待に胸がドキドキ。

「ミサイル実験、いきまあす。準備はＯＫか。はい！」

だれか見てたら、バカにしか見えないだろうな。

「ようし、ミサイル発射五秒前」

ううっ、きんちょうする。

「発射！」

グワキーン！　すげえ早さでミサイルが飛びだす。

「おおっ、やった。………あっ、まずい！」

飛びすぎて、ふすまにあなが、プスッとあいちまった。こりゃかあちゃんに怒られる。

「まいったなあ。まあ、とりあえずこれで……」

おれは、マンガから切り取った、ゴジラの写真をそこへペタッとはっておいた。

「それにしても、すげえ威力だなあ。早く完成させちまおう」

ここまでできあがりゃ、残りはあとわずかだ。アンテナとか、光線銃とか、細かい部品をセメダインでくっつけてく。最後にシールをはってでき上がりだ。

「よしっ、動かしてみっか」

このロボットは、ラジコンなんて高級なシロモノじゃないけど、いちおう自動で歩く。目とかむねのライトがチカチカしたり、タイマーで自動的にうでを上げたり、ミサイルを発射したりできるんだ。

「うむ、ついに完成したか。ここまで半年間、苦労の連続だった」

とは言っても正月以来、長いことほっぽっといたんだけどね。

「それでは君の名を『エイジンガー1号』と命名する。今日から、地球の平和のために、かつやくしてくれることを願う」

おれは、ジャ～ンとか言いながら、『エイジンガー1号』のスイッチを入れた。

「うおおっ、かっこいい！」

『エイジンガー1号』は、ジージーと、いかにもロボットらしい音を出しながら、部屋の中をゆっくりと歩きだした。時々止まって、首をふったり、うでを上げたりする。そして、ガキーンとミサイル発射だ。今度は、マンガの本にぶち当たった。

そのときだ。世にもおそろしい敵が、『エイジンガー1号』の前に現れたのだ。

「ニャ〜オ。ニャン、ニャン」

おれんちのかいねこ、『ハナマル』だった。

「あやしい敵発見。全員、戦闘配置につけ！　お〜い、ハナマル。こっちへおいで」

おれは、ニンマリとわらった。部屋のドアをバタンとしめる。

「ふふふ、これで敵はとじこめた。あとは正々堂々と、決戦するのだあ。地球の運命をかけた、地球最大の決戦が、今、始まったのでありますぅ。行け、エイジンガー1号！」

ジージーと音を立てて接近してくるエイジンガー1号を、ハナマルは早くも敵と思ったらしい。背中を丸めて、「フーッ」と怒りの体勢だ。

「行くのだ、エイジンガー1号。宇宙怪獣をやっつけるのだ」

じりじりとうしろに下がるハナマルは、ついに部屋のすみへとおいやられた。その時、エイジンガー1号の目が、ピコーンと光った。ミサイル発射の合図だ。

「今だ、ミサイル発射！」

ガキーンと、一発目を発射。パコーンとかべに当たった。

「くっそう、はずれた。よしっ、二発目に期待だ」

ハナマルは、恐怖の表情でかべをガリガリとひっかく。

ハナマル
VS
エイジンガー1号

ガキーン。二発目が発射され、今度はハナマルのケツに命中。

「フンガーッ！」

すんごい悲鳴をあげたハナマルが、ヤケを起こした。

「あっ、やめろ、ハナマル！」

おそかった。おいつめられたハナマルは、エイジンガー1号にとっしんし、パッカーンとぶったおしたのだ。

「ガリガリガリガリ」

ものすごいはんげきだった。おれが止める間もなく、エイジンガー1号は、ハナマルのもうこうげきにあって、バリバリにひっかかれちまった。

「ああ、エイジンガー1号！」

きずだらけになっただけじゃない。うんともジーともいわなくなった。どうやらエイジンガー1号の中で、あの超強力なバネがはじけて、中身がどうにかなっちまったらしい。

「とほほ、エイジンガー1号ってばあ！」

こうして、地球最大の決戦は、ハナマルの大勝利に終わったのであった。

ううっ、おれの半年間のあせとなみだを、どうしてくれるんだあ！

ヘンタイと呼ばれた日

「はい、みんな早く着がえてプールに集合しなさあい」

　担任の、水田《みずた》真理《まり》先生のキンキン声が教室にひびき渡った。おれたち四年二組の教室は、女子の更衣室になる。てことは、一組が、男子の更衣室ってわけだ。

「男子は、早く出ていってくださあい」

　おれたち男子は、プールの用意をかかえて、一組へ移動した。

「早く着がえちゃえよ、ノブ。先に行っちゃうぞ」

　友だちのノブは、ちょっとのんびり屋なんだ。

「ちょ、ちょっと待ってくれよ、コッキン」

〝コッキン〟ていうのは、おれのニックネームだ。

「どうしたんだよ、ノブ」

「水泳帽がないんだ。……あっ、つくえの中かも。教室にもどんなくちゃ。コッキン、つきあってくれよう」

「バカ言うな。女子がまだ着がえてんじゃんか。女って、着替えに時間かかるからな～。じゃあね、バイバ～イ！」

教室から出ようとしたおれの水泳パンツに、ノブがすがりついた。

「はなせよ。ケツ丸出しになっちまうだろ。えーい、放せってば！」

そうしたらノブのやつ、本当に手を放しやがった。ゴムがパチンとはじける。

「いってえ！　バカ、急に放すな！」

「だって、コッキンが放せって……」

ノブは、今にも泣き出しそうだ。おれはハアッとひとつ、ため息をついた。

「わかったよ。つきあってやるよ。チッ、早く着がえ終わんねえかな」

二組の教室が静かになったのは、それから三分もたってからだ。

「ふうっ、まったく女ってやつは、どうしてああ、おしゃべりが好きなんだろうね」

おれとノブは、そうっと二組の教室から出た。二組のようすをうかがう。

「オッケー、もうだれもいないや。早く取ってこいよ」

ノブは、コソドロみたいに、そっとドアを開け、しのび足で教室に入った。

「あったかー」

「まーだだよ」

「かくれんぼやってんじゃねえぞ、早くしろよ」

ところが、いくら待ってもノブは出てこない。

「何やってんだよ、ノブ。こんなとこ見られたら大変だぞ」

「そ、それが、見つからないんだ。コッキンもいっしょにさがしてくれよう」

ちぇっ、世話のやけるやつだ、まったく。おれはしかたなく、やっぱりコソドロみたいにして、教室へ入って行った。

「たしかに、つくえの中に入れたと思ったんだけどな」

「ほんとかよ。ランドセルの中とか、よく見てみろよ」

「ランドセル？　あっ、そこかも」

　ノブはあわててランドセルをひっかき回した。

「あった、あった。いやあよかった」

「何がよかっただよ、このあわてんぼ。さあ、早くプールに行こうぜ」

　と、そのときだ。ろうかの向こうから、女子の声が聞こえてきたではないか。

「ゲゲッ、だれか来るぞ。おい、早くかくれろ！」

　おれとノブは、先生のつくえの下にもぐりこんだ。ガラッと入り口が開く。

「いやんなっちゃう。こんな時に頭が痛くなるなんて」

　まゆみの声だ。

「あたしは、朝から痛かったんだ。でも、どうせならプールサイドで見学したかったな」

　あずさの声もする。

「でも今日は寒いから、しかたないね。雨だってふりそうだし」

　おれは、なさけない顔で、水泳帽をにぎりしめてるノブに言った。

「おい、あいつら、ひょっとして、ずっとこの教室にいるんじゃねえだろうな」

「そうだとしたら、出ていけないね」

「のんきなこと言ってんじゃねえよ。おまえのせいでこんなことになったんだぞ！」

あ〜、最悪。なんとかしなくちゃ。

「ノブ、あいつらの注意を外へ向けろ。そのすきにそうっと教室から出るんだ」

「どうやって？」

「どうやってって……、つまりだな……。おまえも考えろ」

おれたちは、のうみそをフル回転させて、脱出の方法を考えた。

「あっ、そうだ、うぐっ！」

あわててノブの口をふさぐ。

「なあに、今の。だれかの声だったみたいだけど」

「六年生かしらね、この上のクラスだから」

「そうね、きっと」

おれはもう一発、ノブの頭をどついてやった。

「おおいてえ、あんまり頭たたくなよ。成績下がったら、コッキンのせいだからな」

「バカ、そんなこと言ってる場合か。それより何か考えついたのか?」

どんなアイデアでもいい。いっこくも早くこのピンチからぬけ出さなくては。

「あのさ、消しゴムかなんかを、まどガラスに投げるんだ。そうすりゃ、『何だろう』って窓の方へ行くだろ? そのすきに反対側のドアからにげるんだ」

「おおっ、そりゃなかなかいいアイデアだ」

おれは、先生のつくえの上に手をのばした。

「しめしめ、ちょうどいいぐあいに消しゴムがあったぞ。こいつを……そりゃ」

消しゴムは、ポーンと飛んで、コツンと窓ガラスにぶつかった。

「ちょっと、なあに? 窓に何かぶつかったわよ。鳥かしらね」

窓に近よるまゆみ。

「あら、雨がふってる」

「本当? わあ、けっこう強くふってるわね」

あずさがまゆみのとなりに移動した。よしっ、今だ!

しかしその時、はるか遠くから、ワイワイガヤガヤと、たくさんの声が聞こえてきた。

「雨でプールが中止になったんだ。みんながもどってくるぞ。うわわわっ、大変だ」

だけどドアがしまってる。あずさのやつがごていねいに、しめやがったんだ。ガラッと開けたら、それだけでばれちまう。

「しかたねえ、下からだっしゅつだ!」

おれたちはかべの下の方にある、ちっちゃな掃き出し窓から、だっしゅつをこころみた。

「き、きついぞ。バカ、いっしょに出られるわけねえだろ。おれが先に出るんだあ!」

友情ってもんがこんなにもろいものとは思わなかった。ふたりとも自分が先に出ようとするもんだから、掃き出し窓にきっちり体がはまりこんで、動けなくなっちまったんだ。

「きゃあ、なあに。チカンよ、ヘンタイよう!」

まずい! プールからもどってきた女子たちに見つかっちゃった。

「やだあ、コッキン。ノブも。やらしー。エッチねえ」

「あたし、二人がこんなヘンタイだとは思わなかったな」

ちがうんだと、必死にべんかいするおれとノブの声が、むなしくろうかにこだました。

「く、苦しい! だれかここからひっぱり出してくれえ!」

なさけない。このあと、先生の説教が待っていたことは、言うまでもない。

ノブのバカヤロー!

だじゃれ　都道府県編

笑いのネタ3

北は北海道から、南は沖縄まで、
だじゃれでいざ、日本縦断！

★だじゃれの箇所を強調せずに、さらっと聞かせることが、笑いをさそうポイントです。あとから説明したりするのは、そりゃ、無粋というものです。

【北海道】北海道で**ほった井戸**《いど》。

【青森】「どれ、青森のおそばは、おいしいかな？」
「**あ、大**《おお》**もり！**」

【秋田】「秋田のおじさん、なかなか来ないなあ」
「**あ、来**《き》**た！**」

【岩手】「岩手で待ってるからね」
「**いいわ。て**がみ出すわね」

【宮城】「宮城に行ったら、お**みやぎ**買ってきてね」

【山形】山形の**山**《やま》**が**、**た**いふうに襲われた。

【福島】福島で買った**ふく**、**しま**っといて」

【新潟】「新潟出身のあなた、血液型はなんですか？」
「**新型**《にいがた》です」

【富山】「富山のどこに行ってたの？」
「ずっ**と山**《やま》の中にいました」

【石川】「石がたくさんあるね」
「うん、だからどれが石川の**石**《いし》**がわ**からなくなった」

【福井】「おっと、するどいパンチだ」
「あの**フク**、**い**いですねえ」

【群馬】「群馬出身のあの選手、まだ二軍なの？」
「うん二**軍**《ぐん》**。ま**だ一軍に上がれないんだ」

【長野】長野の新聞に、ぼくの**名**《な》**がの**った。

【山梨】「山梨へ梨狩りにいったんでしょ？」
「うん、でもとれなかったんだ」
「**おやまぁ**、**梨**《なし》はなしなの？」

【茨城】茨城に咲いてる赤**いばら**、**きら**い。

【栃木】「いけない、大根たのまれたのに、にんじん買って来ちゃった」

「なに、早**とちぎ**してんのよ」

【埼玉】埼玉のく**さいタマ**ネギ。

【東京】東京にいる、加**藤京**《とうきょう》子さん。

【神奈川】神奈川のプロレスラーには、
かながわない。

【千葉】千葉が一番だっ**ちば**！

【静岡】うるさい！ **しずおか**にしなさい！

【愛知】「まあ、わざわざ愛知まで迎えに来てくれ
たの？」

「うん、**あいち**てるから」

【岐阜】「犯人は……。わかった、お前だろう！」

「**ぎふっ**！」

【三重】三重から東京タワーは**見**《み》**え**ません。

【滋賀】「あなたは、滋賀県の方ですか？」

「**しが**います」


【京都】「京都で、だれに会ったの？」

「**教頭**《きょうとう》先生」

【兵庫】「兵庫テレビの時報が、
正午《しょうご》をお知らせします」

【大阪】「ガンバ大阪の試合が始まるよ」

「**おお、サッカ**ーか」

【奈良】「これで奈良ともお別れだ」

「さよう**なら**～！」

【和歌山】「ぼく、和歌山なんか行きたくな～い。

やだ、やだ！」

「そんな、**わかやま**言うんじゃない！」

【岡山】たぬきの親子の会話より
「ぼうや、ここが人間の住む都会だよ」

「**おっかー**、**山**《やま》帰りてえだ～」

【鳥取】**★サルの親子の会話**
「おかあちゃん、背中がかゆいよ～」

「のみでも**取**《と》**っとり**！」

【広島】「フルマラソン、よく走ったね」
「ハアハア、**疲労《ひろう》しました**」

【島根】「島根のおじさん、ずっとテレビ観てるよ」
「**しまね～**」

【山口】「山口から来た人って、どんな人でした？」
「いや**まー、グチ**の多い人だ」

【徳島】「徳島のラーメン屋さんで、ギョーザをおまけしてもらったよ」
「そりゃあ、**とくしま**したね」

【香川】香川に行ったら、**蚊がわ**んさかいたよ。

【愛媛】「愛媛はオバケがよく出るんだってさ」
「キャーッ！」
「**えっ、悲鳴《ひめい》**？」

【高知】「**コーチ**、ここが高知ですか？」
「ああ、やっと着いたな。まずは**コーチ**ーでも飲むか」

【福岡】「いけない。お茶こぼしちゃった」
「しょうがないな。ぼくが**ふくおか**？」

【佐賀】★県別対抗駅伝で
「まずい！　佐賀と**差《さ》が**ついてしまった」

【長崎】「ぼくの名前は、『さとし　やまぐち』です」
「どうして、名字が後なの？」
「長崎は、**名《な》が先《さき》**」

【大分】「大分で、見つかりました」
「**おお、いた**か！」

【熊本】★熊本の動物園で
「おーい、**クマもっと**出てこ～い！」

【宮崎】「ニャーオ！」
「宮崎のネコは、足が速いなあ」
「こらこら、**ミーや、先《さき》**に行っちゃだめよ」

【鹿児島】鹿児島で買ったその**かご、しま**っておきなさい。

【沖縄】「沖縄から届いたこの**大《おお》きな輪《わ》**、どうします？」
「フラフープにでもするか」

楽しい、おとまり会

夏休みも、残り少なくなってきた。そんな悲しい気分をふっとばすようなお楽しみが、おれを待っている。

「今日は楽しいおとまり会っと。ふんふーん♪」

そんな、わけのわかんない鼻歌を歌いながら、おれはバッグに荷物をつめこんでた。

「フギャーッ」

な、なんだ？　バッグの中から叫び声が……。いかん、うっかりネコのタマまでつめこんじまった。ウキウキしてると、細かいことには気がつかないもんだな〜。

今日、友だちの幸太《こうた》の家で、おとまり会があるんだ。真人《まさと》と、健太郎《けんたろう》とおれ。それに幸太の四人で一晩泊まる。幸太のおとうさんが、「泊まれ泊まれ！　その代わり、何もかも自分たち

でやるんだぞ」と、言ってくれたんだ。うーん、話のわかるおとうさんだ。

「こんばんは」「ちわーっす」「おばんです」いろんなあいさつをしながら、おれたち三人は、幸太の家におじゃました。集合は、夜の七時。

「いいなあ、幸太んちって。こんな広い部屋が自由に使えるなんてよ」

真人が、うらやましそうにキョロキョロしてる。

「おい、真人。人んちをそんなにジロジロ見回すな。こらっ、写真なんか撮るなっつーの！おい、トラのぬいぐるみと戦うなよ！　あっ、金魚の水槽に手を突っ込むなってば！」

幸太は、早くもオロオロしてる。

「腹へってきたな。まずは夕めしといこうぜ」

着いたそうそう、めしのしたくだ。メニューは、ラーメンって決めてある。

「そらそら、みんな持ってきたラーメンを出せよ」

おれのことばで、みんながいっせいにラーメンを取り出す。カップラーメンじゃ簡単すぎておもしろくないので、ふくろ入りのラーメンって決めたんだ。

「ええと、健太郎がみそラーメンで、おれがしょうゆラーメン。真人が塩ラーメンで、幸太がカレーラーメン。なんだ、みんなバラバラだなあ」

これじゃ、一人前ずつ調理しなくちゃならない。

「時間がかかってしょうがねえや。よし、全部まぜてみようか」

おれの提案に、みんなは顔を見合わせてる。特に、慎重派の健太郎は、心配顔だ。

「これって、化学変化起こすんじゃないか？」

また、むずかしいことを言い出した。無視、無視。幸太が鍋を取り出す。水を入れて、コンロに火をつけた。

「ええと、ハシは……」

と、おれがちょっとよそ見をしている間に、大変なことになってた。

「ばか、袋ごと入れるヤツがあるかよ！」

「だってけいたが、みんなまぜるって」

「それはだなあ……、ああっ、なんだこれ！」

鍋の中がゴチャゴチャになってる。ポテトチップとか、せんべいまで入ってるんだ。

すったもんだの末、どうにか四人分の【みそしょうゆ塩カレー＋いろんなお菓子入りラーメン】が完成した。

「なんか、へんなにおいだな」

「く、食えるのか、これ」

「あー、じゃあ健太郎は食うな、食うな。三人で食おうぜ」

「わ、わかったよ。食うよ」

とかなんとか言いながら、おれたちはおそるおそるラーメンをすすった。

「うめえ！」

健太郎が、でかい声を出したもんだから、真人がラーメンを鼻からふき出した。

「なんだよ、健太郎。お前が一番心配してたくせに」

健太郎は、知らんぷりで、せっせとラーメンを口に運んでる。

「まあ、思ったよりいける味だな。幸太、テレビでもつけろよ」

真人は、「泊めていただいてる」という気持ちがない。さっきから幸太をこき使ってる。

「このテレビ、白黒なんだ。じいちゃんが昔買って、まだ映るんだぜ」

おれ、白黒テレビって初めて。みんなも興味津々でそのポンコツテレビを見つめてる。

「……おい、映らないぞ」

「昔のテレビは、映るまで時間がかかるんだ。ほらっ、だんだん映ってきた」

おおっと、どよめきがおこる。野球中継をやっていた。巨人対阪神の試合だ。

「この試合って、いつごろの試合だ?」

また真人が、アホなことを言ってる。

「今夜の試合に決まってるだろ。テレビが古かったら、昔の試合をやってるとでも思ってるのかよ。それより、ちゃんと見ろ」

おれたちは、そのテレビをじっと見つめた。

【人工芝の緑がとてもきれいですね。さあ、阪神七回の攻撃。黄色いメガホンがゆれております。ジャイアンツの応援席もオレンジ色の旗が実にあざやか……】

「……色、ぜんぜんわかんねえな」

いやみなアナウンサーだ。おれたちが白黒テレビを見てるってこと、知らないのかよ。

「あー、もうテレビ、つまんねえ。デザートタイムにしようぜ」

健太郎は、さっきからデザートのプリンが気になってしかたなかったみたいだ。

「ズズズッ……」

どこかでへんな音がした。

「なな、なんだ？」

犯人はまたも真人だった。見るとプリンをぐちゃぐちゃにして、ストローで飲んでる。

「うわー、気持ちわり～！」

「そんなことないよ。すごくおいしいんだから。みんなもやってみな」

「うそつけ、そんな気持ち悪いこと……。ん？　ホントにおいしいの？」

ためしにみんなでやってみた。

「ふむ、なかなかいけるな」

幸太がフンフンとうなずきながら、〝どろどろプリン〟をズルズル飲んでる。そういえば、あんがいうまいかも。部屋中に「ズズズッ」という不気味な音がひびき続けた。

楽しい時間は、あっという間にすぎていく。時計を見ると、夜中の一時。

「そろそろねっか」

「ふわあ、そうしよう、そうしよう」

ということで、おれたちはふとんをしき始める。

眠り始めて少したったころのことだ。

「うっ！」

とつぜん、だれかのキックが飛んできた。

「いてえな、このやろう！」

おれはとなりの健太郎に、お返しのまくらパンチをみまった。

「な、なにすんだよう！」

健太郎が寝たまま、キックをくり出す。

「いてえ！　やりやがったな、てめえ！」

投げたまくらが、幸太に当たった。するとねぼけた幸太は、となりの真人にひざげりをくらわした。

「うぐっ、なんだ、なんだ！　どうしたの？」

「とぼけるな、ええい、これでもくらえ！」

もう、わけがわからない。ま夜中の大乱闘だ。その時、ドアを激しく叩く音がした。

「ばかもん、何時だと思ってるんだ。さっさと寝ろ！」

幸太のおとうちゃんだった。それ以来、幸太の家でのおとまり会は、二度とやれなくなった。
くっそう、だれのせいだ〜！

習字の時間は大パニック

習字の時間って、あたしみたいにまじめに勉強しようとしてる者には、実にどうも耐えられない時間よね。どうしていつもああなっちゃうんだろう。実はこの日も……。

四時間目が習字の時間。

「はい、毛筆の用意をして」

先生のこの一言から、騒動は始まる。ところで先生は、習字の時間になると、必ず上下ともまっ黒なジャージに着がえるんだけど、それって正解だと、あたし思う。

「いっけねえ、習字と絵の具と、まちがえて持ってきちゃった」

「ああ、墨汁がからっぽだあ。だれか貸してくれえ」

「半紙がないよう。どなたか、おめぐみを〜」

全員の用意が整うまでに、まあ、十五分はかかるわね。

「はい、今日は『登山』の練習をします。まずは書き順をおぼえましょう」

「『登山』だってよ。まさとは、登山ってしたことあるか？」

「何言ってんだ。三年生の時、遠足で筑波山《つくばさん》、行ったじゃんか。それよりもこうちゃんさあ、すずりが反対向きだぞ」

「えっ、反対？　ほ、本当かよ」

「あたりまえじゃん。今まで知らなかったのかよ」

「本当に反対なんだな。てことは、反対向きに直すってことか。だいじょうぶなのかなあ、そんなことして。まあ、やってみっか」

「あっ、あああ……」

まさとの大声が、教室中にひびいた。続いて「キャアー」という女子の悲鳴も。見ると、こうちゃんのつくえの上に、墨汁があふれてる。それだけじゃない。床にもボタボタとこぼれちゃって、こりゃ大変だ。

「何やってるんです。公一《こういち》君は！」

「だって、まさと君がすずりが反対だって……」

「反対ってえのは、前後が反対ってことだろ。どこに裏返すやつがいるんだよ」

十人ぐらいが、ぞうきんを手にして流しへ走った。けんめいに床やつくえの上をふく。こういうところが、うちのクラスのいいところってやつかな。あたし？　あたしは見学。

「はい、ほかの人は練習を始めなさあい」

「あ〜、ちっとバランスが悪いかな」

「バランスが悪い」なんてもんじゃないよ。たつやの『登山』は、『登』がほとんどで、『山』なんて、下の方に子筆でちょこって書いてあるんだもん。

「よほど低い山なのね、これ」

まゆみがよけいなことを言う。

「ねえ、あたしのもバランス、わるいかしらねえ」

あやかが、前の席のモンタにたずねた。それがいけなかった。

「どれどれ……」

「きゃあ〜！」

モンタのやつが、墨をたっぷりふくんだ筆を持ったまま、勢いよくふり向いたから、あたりに墨がドバッと飛び散った。

「あ～っ、体操服が……」

近くの子の体操服には、横一直線に、まっ黒いテンテンもようがついた。

「あたしなんて、ブラウスよう。わあん、ママに怒られちゃう」

先生が、黒いジャージに着がえるのは、こんな理由からなの。

「急いで、ぬれぞうきんでこすった方がいいぞ」

「あっ、そうなのか？　よし、これで……ゴシゴシ」

俊也《としや》は、人を疑うことを知らない。ほら、見なさい。テンテンがよけいに広がって、ボワ～ンとした太い横線になったじゃないの。

「おい、もっとひどくなったじゃんか」

「そんなことないよ。そういうの『ボカシもよう』っていうんだろ」

「へーっ、そうなのか。ふーん」

実に単純。

「ねえ、あんたさあ、名前が大きすぎない？　『登山』とほとんどかわらないじゃない。それじゃ『登山山田』よ」

みんながいっせいに、山田の作品を見る。本当だ。字が四つ書いてあるみたいだ。

「『登山山田』なんて、ぴったりじゃん。今度『山田登山』って書いてみな」

「……」

モンタのひとことに、山田の手がピタリと止まった。それだけじゃない。つぎに細かくふるえ始めた。これって、いかりのサインなのよね。それなのに、モンタはまだ、ひやかしを続けた。

「『富士』って書くのもいいな。『富士山田』、『ふじさんだ』なんちゃって。あはは」

これはよけいだった。

「なんだよう、うわわわうあ～！」

大変だ。筆をめちゃくちゃにふり回した。あたりに、墨がブワーッと飛び散る。

「みんな、避難しろ！」

言われなくても、とっくにしてる。みんな、慣れっこなの。クラス中の子が全員つくえの下にもぐって、ビシュッ、ビシュッと飛んでくる墨をかわす。

「やめなさい、山田君！」

その先生の顔に、ビシュッと、横一直線の黒いすじが入った。

そんな出来事なんかにおかまいなく、時間は過ぎていく。やがて四時間目終了十分前になった。給食の準備があるから、そろそろかたづけ開始だ。

「はい、それでは一番うまく書けたと思う作品を、一枚、提出してください」

先生は、あらった顔をタオルでふきながら、そう言った。

「みんな出しましたか？　……ちはるさん、あなたはどうして出さないの？」

いけない、あたしずっとみんなのことを観察してて、一枚も書いてなかった。

「い、いや、その、あの……」

「まあ、さぼってたのね。あなたと山田君、それから森田君の三人は、放課後残って書きあげていきなさい。特別に、『三枚』です」

うひ〜、さ、三枚！　本当に習字の時間はつらいなあ。

だじゃれ お寿司やさん編

笑いのネタ4

ある日ぼくは、おとうさんと一緒にお寿司やさんに行った。さて、どんなだじゃれが飛び出すかな？

●カウンターで

寿司や 「へい、いらっしゃーい」
おとうさん「今日は何がうまいんだい？」
寿司や 「いかは、**いかが**？」
おとうさん「じゃあ、にぎって。おい、光太郎。お前、鉄火って知って**てっか**？」
ぼく 「知ってるよ。でも、きょうはいいや」
寿司や 「ぼく、マダイ食べるかい？」
ぼく 「**まだいい**」
おとうさん「光太郎は、あれでも食べてなさい」
ぼく 「いわしって、**言わし**たいんでしょ。それより、このカニ、高い**かに**？」
おとうさん「そりゃ高いよ。こっちのイクラは**いくら**？」
寿司や 「一貫、五百円」
外国人 「ヘーイ、このハマチ、**ハウマッチ**？」
おとうさん「おっと、外国人がいたのか」
寿司や 「それじゃ、わたしからみなさんに、**さー**、問《もん》題です。サーモンはいくらでしょう」
おとうさん「値段のことばっかり言われたら、食べた気がしないや。もう、出よう」
寿司や 「へーい、それじゃ、あがりをお**あがり**」

●レジで

おとうさん「いくら**だい**？」
寿司や 「そんな鯛は、ありやせん」
おとうさん「そうじゃないよ。これで**たりるかい**？」
寿司や 「そんな貝もありやせん」

つかれるね。みんなは、こんなへんなお寿司やに入らないで。

★だじゃれがいくつ入っていたかを数えさせるのもいいでしょう。十個以上わかったら、合格ですね。

恐怖の話し合い活動

今日は先生が、犬が病気になったとかなんとかで、一時間目が自習になった。先生から「話し合い活動をしておくように」と、れんらくがあった。議題は、来月に予定されてる「全校徒歩遠足」についてだ。

「おい、だれか議長やれよ」

責任感の強いあたしは、ここでガバッと立ち上がった。

「あたしがやる」

いっせいに、「えーっ」という声がわき上がった。

「真央《まお》がやるなら、おれ帰る」

「じゃあ、帰れば?」

　このひとことでシーンとなった。なにさ、本当に帰る勇気なんかないくせに。このクラスの話し合いをまとめるのは、ノラネコに前へならえをさせて整列させるくらいむずかしい。あたし以外にだれがやるっていうの？

　あたしは、自分の椅子をかついで、黒板の前に移動した。あたし、本当のこと言うと議長とかって、きらいじゃないのよね。みんなが、なかなかやらせてくれないだけ。

「やってもいいけど、だっせんするなよ」

　正樹《まさき》がよけいなことを言う。

「わかってます。みんなもだっせんさせるようなことを言わないでください」

「は〜い」と、わかってんだか、わかってないんだかわかんない返事が返ってきて、さっそく話し合いが始まった。

「え〜っ、今年も全校遠足の季節になりました。時の流れは、本当に早いものです」

　うふっ、なんか出だし好調。

「え〜、今年は四年生ですから、二年生とペアを組んで、あいつらの、いや、二年生たちのめんどうをみなくちゃなりません。めんどうをみられる側からついに、みる側になったのです」

　おおっ、と静かなどよめきが起こる。

「手をつないで公園まで歩きますが、背の順でいいですか。いいですね。はい、そういうことに決まり。上級生らしく、二年生をやさしくリードしてあげましょう」

実に調子よく進むじゃないの。あたしってやっぱ、議長向きなのかもね。

「ちょっと待てよ」

せっかく調子よく進んでたと思ったら、モンタが、立ち上がった。

「二年生っていったら、『川原崎慎太《かわらざきしんた》』がいる学年じゃねえか」

ゲゲッと、あちこちから声が上がる。

「おれ、あいつのめんどうだけはみたくねえからな」

この『川原崎慎太』っていうのは、全校でも有名なあくたれなの。

「おれ、あいつに25点のテストを、町内の掲示板にはり出されたことがあるんだ」

「あたしなんか、背中に『この人80kg』って紙をはられたのよ」

「六年生には、上履きの中に、ミミズを入れられたヤツもいるぞ」

とまあ、こんな調子。

「まさか、男女でペアを組むなんてことは、ないでしょうね。あたし、あいつにぞうきん投げられたことあるんだ」

ペー

「背の順で男同士だったら、おれかもしんないよう」

としきが泣きそうな声を出した。ここでまた、あちこちで「おれはいやだ」「あたしはいやよ」と大さわぎになった。

「え～、わかりました。しずかにしてください。……しずかにしてちょうだい。……ええい、静かにしろって言ってんでしょ！」

やっと静かになった。

「それじゃそのことは、あとで先生に決めてもらいましょう」

つごうのわるいことは、たいてい先生にまかしちゃう。

「えーっと、次に目標を決めましょう」

「議長、みつとし君が、いつの間にかいませ～ん」

またか。あいつはいつもとつぜんすがたを消すのよね。忍者みたいなやつなの。

「いいじゃん、あんなのほっときゃ」

「議長は、ちゃんとしたことばづかいでやってくださあい」

ああそうですか、わかりました。ちゃんとやりまちゅよ～だ。

「ちょっとだれよ、ティッシュ丸めて投げてきたの」

「おれんとこには、割りばしが飛んで来たぜ」

先生がいないと、かならず何かが教室の中を飛び回ってる。

そのとき、後ろのほうから、「ヒョエ～ッ」という悲鳴が聞こえた。

「雄二《ゆうじ》がね、よしなって言うのに、消しゴム食べたのよ。ココアのにおいがするやつだから、味もココアかどうかたしかめるって」

バカなやつね、まったく。まあ、それについてはあたしにも言いたいことがある。

「あのね雄二。それはにおいだけなのよ。あたしも前に、メロンのにおいのやつ食べたけど、まずいったらなかったよ。焼きそばのやつもぜんぜんだめ」

実はあたし、五種類ぐらいためしたんだけど、全部ゴムの味しかしないのよ。

「議長、だっせんしないって言っただろう」

なによ、みんながむりやりだっせんさせるんじゃない。

「は～い、それじゃ目標について……。ねえ、書記。『全校徒歩遠足』ぐらい、漢字で書きなよ。……それじゃ『まえこう』でしょ。目標の目も、日になってんじゃん」

まったくこのクラスは、わけわかんないのばっかり。

「議長もちゃんと考えてんですかあ?」

おせっかいね。

「考えてるわよ。え〜っと『先生のスカートをまくるのはやめましょう』っていうの。どう？」

ドバッと笑いが起きた。よし、ここはもう少し、ふんいきをなごませてあげましょ。「先生って、よくあの太い足でスカートはく気になるよね。この前なんか、ちょうちょのガラのミニなんてはいてきたでしょ。あたし、わらっちゃったよ。そいでもって、モデルかなんかのつもりで、ハーイみなさん、ごきげんいかが？　なんちゃって、あははは……」

とちゅうでやけに静かになったから、「へんだな〜」とは思ったんだ。みると、いつの間にか、先生がドアをあけてうでぐみしてた。

「お、おはようございま〜す！」

「青木さん！」

「は、はい。は、話し合いは順調に進んでます」

「順調とはどうしても思えないわね。なんですか、この板書は」

黒板にはしっかりと、『先生のスカートをまくるのはやめましょう』という目標が書かれていた。

ガーン！

遠足なんてきらいだ！

この日は、待ちに待った遠足だ。それも楽しい電車遠足なんだ～。出発は十時。

「金町《かなまち》ィ、金町でございます」

電車は、思ったよりもこんでる。こりゃ、きちんと整列しないと。

「はい、おりる人が先ですよ。だれですか、乗ろうとしてるのは。おらおら、白線まで下がってください。はいどうぞ。どんどん乗ってね」

おれって、リーダーの素質あるなあ。……と、感心して電車に乗りこむ。

「子どもはすわっちゃいけないよ。ほら、だれだ、つり皮にぶらさがって遊んでるのは。人にめいわくでしょ。ドアによりかかるんじゃないよ。いきなり開くかも知んないんだから。オラオラ、こんなせまいとこで、あっちむいてホイなんかやってんじゃないよ」

と、おれがみんなのめんどうをみてると、やけに楽しそうな笑い声がひびいてきた。

「なんだ、なんだ。また人にめいわくかけてるのか？　どれどれ」

見ると、二人のアメリカ人がすわってて、クラスのやつらと楽しそうに話してる。

「やあ、みんなどうしたのかな？　このアメリカの人が、何かおこまりなのかな？」

「アッキー。どうしてこの人たちがアメリカ人ってわかるんだよ」

おれ、色の白っぽい外国人は、みんなアメリカ人だと思ってる。

「それがおれにはわかるんだなあ。ヘイユー、アメリカジーン？」

「ノー、わたしたち、イギリス人でーす」

「ほらみろ。てきとうなこと言うなよ」

伸一郎《しんいちろう》のやつが、アゴをツンとつき出して、にくったらしい顔をした。

「き、きっと、ずっと先祖は、アメリカ人だったんだよ。なんとなくわかるんだなあ」

「ノー、ずっとイギリス人ね」

しらける外国人だ。

「ユー、日本語じょうずね。ヘーイ、名前はなんといいますか？」

「わたしはジャック。こっちはメリーね」

実に、どこにでもありそうな名前だ。

「マイネームイズ、『イシヤマ　アキオ』ね。英語で言うと、『アキオ　イシヤーマ』ね。ヘーイ、オッケー?」

「『アッキョ　イシャーマ?』。アイシー、アイシー」

「ちがう、ちがう。『アキオ　イシヤーマ』よ」

「しっつれーしました。『アキョー　シシマーマ』ですか」

違うってば。めんどくさくなったおれは、となりの伸一郎を紹介してやることにした。

「こいーつは『シンイチロー　オオコウチ』。ちと、むずかしいかな。わかりまっか?」

「オー、『チンチロ　オッコチ』ね。わっかりまーした」

みんながドッと笑った。

「あはは、イエスイエス。『チンチロ　オッコチ』オー、イエースよ」

何だかいやな顔をして、伸一郎があっちへ行っちまった。まわりのみんなは、まだ笑ってる。

おいおい、そんなに笑っちゃ、伸一郎に失礼じゃないの。

「ユーのリュック、おもたそうね。もってあげましょー」

「オー、サンキュー。助かりますねー」

「ユーたち、どこからきたのでっすか?」

おっ、むこうからしつもんときたな。

「金町ね、かなまち。葛飾区の金町。わかる?　か・な・ま・ち」

「カネモチ?　カッチャクノ　カネモチ?」

いったいどういう耳してんだよ。と、そのときだ。

「ヘイ、ユー。みんなおりたよ。ユーはいいのですか?」

ん!? あっ、本当だ。いつの間にか、だれもいなくなってる。おれは、あわててドアの外に飛び出した。かん一髪、電車のドアが、プシューッとしまった。

「おー、あぶねかった。セーフ、セーフ」

電車を見ると、さっきのアメリカ……じゃなかった、イギリス人が、こっちを見て、さかんに何かわめいてる。おれと別れるのがさみしいんだね、きっと。

「あんた、なんで『手ぶら』なの?」

ともみのことばに、おれはあぜんとした。

「ああ、おれのリュック……。弁当が、おかしが!」

おれは大しきゅう、先生にわけを話した。すると先生は、いかにも「またなの」ってな感じで学年主任の石橋《いしばし》先生のところへ行き、駅員さんと何か話をした。やがて二人の先生がおれのところへやってくる。

「今、駅員さんに話したら、三つ先の駅であずかるようにするから、そこへ行ってくださいって。しかたないから先生と秋男《あきお》君の二人で、そこまで行きます。クラスの方は、石橋先生にみてもらうから。ほんとにまったくもう……」

先生は、ブスッとした顔で、おれとホームにならんだ。明らかに頭に来てる。二人ともひとこともしゃべらないで、つっ立ってる。これってあんがいつらいものがある。

「先生？　ねえ、先生ってばあ。ホームに立ってる一番えらい人って知ってます？　ホーム大臣……、なんちゃって」

だめだ、全然笑わねえ。

やがて電車が来た。おれと先生はずっとだまったままだ。なんか、気まずいふんいき。たった三つなのに、やけに長く感じた。やっと三つ目の駅に着く。

「これ、これです。このリュックちゃんですう。ありがとうごじゃりまちた！」

おちゃらけたことが、よけい先生のきげんを悪くしたみたいだ。

「先生、下りの電車、早く来るといいっすね。早く来ないかな～」

先生は、おれの顔をチラッと見ただけで、すぐに視線をもとにもどした。こりゃ、よけいなことを言わない方がいいな。……それにしてもおそい。すると、頭の上のスピーカーから、とんでもないアナウンスが聞こえて来た。

「下り電車は、車両故障のため、停車しております。そのまましばらくお待ちください」

ゲッ、そんなせっしょうな。だけど、アナウンスはうそをつかなかった。電車は何と、一時間近くもおくれてとうちゃくしたのだ。もどりの電車のスピードは、かたつむりみたいにのろく感じた。

「やれやれ、神保町《じんぼうちょう》……っと。さあ、もどってきましたよ。よっしゃ、もうだいじょうぶ」

「なにが『もうだいじょうぶ』よ。もうすぐお昼の時間、終わりよ」

先生、いきなり走り出した。

「ちょっと待ってよ、先生。……ううっ、はええっ！」

この先生、こんなに足、速かったっけ。スカートをまくり上げて、もうれつなスピードで走る。そのあとを、ヒイハア言いながらおいかけるおれ。心臓がバクハツしそうになるころ、やっと目的地の博物館にたどり着いた。

「はあっ、やっと着いたか」

その時、悲しいアナウンスが館内にひびいた。

「金町小学校のみなさん。集合の時刻になりました。正面玄関前に集合してください」

も、もう帰りなのかよ。そんなあ！　とほほ。

かくしておれの遠足は、こんなぐあいに終了したのであった。さみし〜。

川柳道場

五七五で、こんな川柳　いかがです？

笑いのネタ5

片足だ　冷え性なのか　フラミンゴ

★水辺に住んでいるから、冷えちゃうんですかね、やっぱ。

セーターの　下はパジャマだ　寝坊した

★いくらあせってても、着替えくらいしなくちゃね。

バッターが　大根持って　ボックスに

★これじゃ、いくら打っても、ヒットにはならないでしょう。

親せきに　いたらいいのに　ケーキ屋さん

★お寿司屋さんでもいいなあ。

かりんとに　見えて拾った　犬のフン

★たしかによく似てます。

書き順を　一年生に　注意され

★恥ずかしいけど、これってありそう。

タンバリン　いつもすみっこ　それはなぜ?

★そういえば、タンバリンがまん中っていうのは、見たことありません。

大画面　買ったら座る　ところなし

★無理して買うことないのにねえ。

大当たり　スポンジたわし　一年分
★なんか、うれしいような、うれしくないような……。

カニ食えば　金がなくなり　どうしよう
★計画性が足りませんね。

おちつかねー　トイレに鏡　あるお店
★大きい鏡だけはゆるしてほしい。

おさいせん　入れると響く　「まいどあり～」
★いやだ、こんな神社！

三日分　カレー作って　ママ旅行
★給食もカレーだったらどうしよう。

お寿司屋に　なければおこる　イカ、マグロ
★その代わりに、ハンバーグとかあったりして。

フルマラソン　きついひとこと　「アンコール」
★もう、倒れちゃいそう！

うちのネコ　走るとおなか　地面する
★太りすぎですよ、そりゃあ。

ラーメンの悲劇

「ハ、ハ、ハークション！」

冬はやっぱり、寒いよなあ。おれ、めずらしくかぜひいちまって、はなみずタラタラよ。

家に帰ると、テーブルの上に、なんか紙っきれがおいてある。

《埼玉のおばさんのところに急用ができました。とうちゃんは残業でおそくなります。だから、これで珍満でラーメンでも食べてきてください。以上》

五百円玉が一個。これでラーメン食えってか。なんか、すごい手抜き。

「ちぇっ、ぴったり五百円。ん、もう。これじゃ、ギョーザがつけらんないじゃないの」

ひっくり返ってマンガを読んでたら、いつの間にか七時になった。

「さてと、ラーメンでも食いに行くか」

おれは、テーブルの上の五百円をにぎりしめて、夜の町へとくり出した。

「へーい、らっしゃい。何にしましょう」

「え〜っと、何にしようかな。チャーシューメンがいいかな。中華丼もいいな。でもまあ今日はラーメンにしとくか。おじさん、ラーメンね」

考えるまでもない。五百円で食えるのは、ラーメンしかないんだから。

店はけっこうこんでて、あいてるテーブルがひとつもない。

「おにいちゃん、そこ相席でたのむな」

相席っていうのは、別のお客さんと同じテーブルで食べることだ。そのテーブルでは、女の人が五歳ぐらいの男の子をつれてた。向き合ってすわる。ムムッ、タンメンにオムライス、それにジュースもついてる。おれよりいいもん食っていやがる。

「グシュ、グシュン。チーン！」

店があったかいせいか、ハナが出てしようがねえ。

「おにいちゃん、かぜひいてるの？」

男の子が、おれの顔をのぞきこんで言った。

「ああ、そうだよ。ぼくちゃんも気をつけまちょうね〜」

するとモ男の子は、へんな表情でおかあさんを見上げた。

「『気をつけまちょうね～』だって。バカみたいだね、このおにいちゃん」

おれは一瞬、ムカッときたが、相手はおチビだ。グッとこらえて、ニッコリ。

「へーい、ラーメン、お待ちィ」

来た来た、来ましたよ。ホッカホカのラーメンちゃんが。

「おにいちゃん、おいしい?」

またもや質問。

「お、おいしいよ～」

「こしょうかけないの?」

「いいの、おにいちゃん、こしょうきらいなの」

「ふ～ん、……お肉食べないの?」

「お肉はおいしいから、あとで食べんの!」

「なんでおいしいと、あとで食べるの?」

ええい、もう、うるせえな。おれは無視して、ひたすら食うことにした。

「あっ、このおにいちゃん、鼻水たらしてる～」

んもう、かぜひいてる上に、ラーメンがあったかいから、出ちゃうんだよ～。

「ねえ、鼻かむ？　ティッシュあげようか？」

おれは、ポッケから自分のティッシュを取り出して、思いっきりかんでやった。
ブ、ブブッ、チーン！　ブヒッブヒッ、ブブチーン。
これにはさすがのおチビもおどろいたようだ。ざまあみろ。

「きったないね、ママ」

おれもういや！　かってにしろ！　そのとき、おばさんがやっと口を開いた。

「からかってないで、早く食べちゃいなさい」

それだけ言うと、おチビの頭をパカンとはりたおした。その勢いで、おチビはオムライスの皿に、グチャッと顔をつっこむ。鼻のまわりがケチャップでまっ赤。

（うひょひょ、いいぞいいぞ。ガキんちょのくせして、おれをからかったりするからだ）

それにしてもこのおばさん、〝ママ〟って感じじゃない。それに、このおチビもたくましい。泣きもしなければ、いじけもしない。

この一撃がきいたのか、さすがのおチビも、それからだまって食い始めた。そして、間もなく食い終る。

「じゃあね、ラーメンのおにいちゃん。バイバイ」

ふうっ、やっと行ってくれたか。やれやれ、これで安心して食えるぞ。

「お〜う、あんちゃん、ここ、あいてっか」

うわっ、今度はぶしょうヒゲをぼうぼうに生やしたおっさんが、おれの前にすわった。

「あ、あいてますけど……」

「そっか。じゃあ、すわらしてもらうか。よっこらせっと。ふうっ」

うわあ、酒くせえ。完全によっぱらいだよう。

「あんちゃん、何食ってんだ。何、ラーメン？　そんなしけたもん、食うんじゃねえ！」

何を食おうと、こっちのかってじゃんか。

「どうだ、うめえか、ラーメン」

さっきのおチビと同じような質問をしてくる。

「は、はい、うまいです」

「なんだとう、こんなもんがうまいってえのか、ああ!?」

「い、いや、あんまり……」

「なにい、うまくねえってえのかよお。うまくねえもん、食ってんのかよおお」

とほほ、どう答えりゃいいんだ。

「あのなあ、ラーメンちゅうもんは、まずつゆからやっつけんだ、つゆから。あんちゃんはちっともつゆ、のんでねえじゃねえか。こうやってな」

あ、ああ……おれのラーメンのスープ、のんじまった。

「ふうっ、……うめえじゃねえか。ええ？　うめえじゃねえかよう！　あっ、ビールくれビール。そいから、レバニラいためも」

もうだめだ。にげるしかねえ。

「おじさん、ごちそうさん」

「おっ、なんだ帰んのか、あんちゃん。まだメンマが残ってんじゃんかよう」

もうそんなこと、どうでもいい。

「へ～い、ラーメン、五百五十円ね」

「ええっ、五百円じゃないの？」

「値上げしたの、先週から。ほら、よくメニュー見てみなよ」

ガーン、どうしよう、金がたりない。

「あ、あの、五百円しか持ってないんです。うち行って、取ってきます」

なんてこった。五百円ぴったりしか置いてってくれないから、こんなことになるんだぞ。

「あんだ？　あんちゃん、金たんねえのか。おしっ、たんない分は、おれが出しといてやっからよ。早く帰んな」

　どうしよう、よっぱらいの言うことにはしたがった方がいいのかなあ。でもなあ……。

「い、いえ、今取って来ますから」

「あんだとう！　おれの気持ちがうけ取れねえってえのか、おうっ」

「いや、そ、そういうわけじゃ……」

「おれをだれだと思ってんだ。ヒック。おれは、まつごろうだぞう。まつごろうったらなあ、知ってるやつは、だれでも知ってんだ。わあああっ！」

　もう、どうにも手がつけられない。珍満のおやじさんの「言うとおりにしときなよ」の一言で、おれは「じゃ、ごちそうさまです」と、あわてて出口へ向かって走ったら、ガラスの自動ドアに激突した。鼻血がジワーッと出てきて、さっきのおチビみたいになった。なんだってラーメンいっぱい食うのに、こんな目にあわなきゃなんないんだ！

　うちに帰ると、かあちゃんは、もう帰ってた。

「用事が早くすんじゃってね。おすしごちそうになってたのよ。おいしかったよ〜、なんてったって、特上だもんね。あんたもラーメン、おいしかっただろ？」

　おれはその場に、バタッと倒れこんだ。

ああ、方言勘違い

笑いのネタ6

日本はせまいようで、とっても広い。それを感じさせてくれるのが「方言」だ。こんなおとぼけ会話も、方言ならではだね。

●ここは岩手県の旅館の二階。ぼくは、庭を掃除している旅館の人にこう話しかけた。

「きれいな花ですね。なんていう花ですか？」

「もっと近くで見た方がいいよ。**教えてやっから、そこからおちなさいよ**」

「えっ、そ、そんな……」

「早く、おちろってば！」

★この地方では、「おりる」ことを「おちる」と言います。いきなり、こんなことを言われたら、びっくりですね。

●北海道の小学校で、マラソン大会がありました。

「みんな、雪に負けないで、よく走ったね」

やさしそうな女の先生が、笑顔でみんなを出迎えます。ところが……。

「あー、先生、こわい」

「こわい、こわいよ〜」

「そう、みんなこわいだろうね」
「うー、こわーい！」

★こんなにやさしそうな先生の、どこがこわいんでしょう。

北海道では、「つかれた」ということを「こわい」というのです。あっちでもこっちでも「こわい、こわい」の大合唱。聞いているこちらがこわくなりますね。

●山形県に行ったときのことです。わたしは、恐怖の体験をしました。その日はいきなり降り出した雨に、走って校舎へ飛びこんでくる子どもたちがいっぱいいました。その子どもたちが、校舎へ入るなり、大声でこう言うのです。

「ああ、体がくさった！」
「あたしも、すっかりくさっちゃったわ」

げっ、いったいどんな雨なんだ！

「うわー、頭もこんなにくさったよ」

ひえ～っ、見たくな～い！

★真相はこうです。山形や福島などでは「ぬれる」ことを「くさる」というのです。服もびっしょりくさるというわけですね。

●宮城県から、親戚の子が遊びに来ました。公園でサッカーをすることになりましたが、その子は少し休んでいる、と言いました。だからぼくは、持っていたカードゲームをその子にあずかってもらうことにしました。

「ねえ、このカードゲーム、あずけるから」

「えっ、ありがとう。うれしいなあ」

　なにを喜んでるんだろう、へんな子だなあ。

「本当にいいんだね。わあい、やったあ！」

★実は、宮城、青森などで「あずける」というのは、「あげる」ということなのです。うっかり言ったら、大変なことになりますよ。うっかり「ぼくのサイフ、あずけるね」なんて言わないように。

●長崎県で、パン屋さんに入ったときのことです。わたしはポカンとしてしまいました。

「すみません。メロンパンください」

「ない」

「あ、じゃあ、サンドイッチください」

「ない」

「クリームパン……」

「ない」

「ジャムパンは」

「ない」

えーい、いったいどうなってるのよ、このパン屋は！

★長崎県や滋賀県などでは、「はい」という返事を「ない」と言うのです。ということは、教室ではいったいどうなるんでしょう。

「ハンカチ持っていますね」

「ない」

「鉛筆はちゃんとありますか？」

「ない」

「テスト用紙はみんな、くばられましたね」

「ない」

なんて会話が……。

一年生って、なんなんだ!?

―山根《やまね》先生、大いに疲れる―

★この話は、主として小学校高学年以上の子どもたち向けと言えるでしょう。低・中学年には、身近すぎて、かえってそのおかしさがわかりにくいかも知れません。

山根先生は、おじさん先生だ。「少人数指導」とかいうのをやっていて、クラスは持っていない。年はうわさによると、五十歳を過ぎているらしい。ずっと高学年ばかりを担任していて、低学年は一度も受け持ったことがないそうだ。

その山根先生が、あるときとつぜん、一年生のクラスを任されることになった。

「え～、今日は担任の吉田《よしだ》かおり先生が、四時間目からお勉強に行かれます」

吉田先生は、新しく先生になったので、研修にでかけるんだ。その間、山根先生が一年二組のめんどうをみることになった。

「ですから今日は、しっかりお勉強を……」

「先生、そこ、どうしたの？」

山根先生は先週、自転車に乗っていて、転んだんだ。それで、左ヒジにネットの包帯をしてる。

「こ、これはね、クマと戦って、ちょっとケガしちゃったの」

うけねらいのジョークらしい。

「え〜っ」「すご〜い」そんな声に混じって、「うそだあ」という子もいる。

「先生が、うそつくわけないじゃん」

「そっか。うそついたら、先生、やめさせられちゃうんだよね」

山根先生は、ウグッと言葉につまった後、「あはは」と笑ってその場をごまかした。そこへ、おでかけ直前の吉田先生が、出張用のスーツに着替えて、教室へかけこんできた。

「すみません。忘れ物をしちゃって」

「あっ、かおり先生が、バージョンアップした！」

「ちがうよ、これはドレスアップっていうのよ！」

どっちも違うような気がする。

「みんな、しっかり山根先生のおっしゃることを聞くんですよ」

それだけを言い残して、吉田先生は、風のように去っていった。

「おっしゃるってなあに？」

「えっ？　ああ、『言う』ってことだよ。さあさあ、そんなことはいいから、テストを始めますよ。えんぴつと、消しゴムと、色鉛筆を出してくださいね」

「色鉛筆の色は、何色ですかあ？」

「な、……、何色でもいいよ。はい、始めます」

テストをやらせておけば、ひといきつけるだろうと思った山根先生の考えが甘かった。

あやのちゃんが、先生を見あげてこう聞いた。

「先生、テストに『色をぬりましょう』って書いてあるんですけど、色はぬるんですか？」

「書いてあるんだから、ぬるんでしょうねえ」

まったく何を言い出すかわからないのが、一年生だ。テストが始まって、五分くらいたってから、かんた君がやってきて、ポツリと言った。

「もう、やってもいいんですか？」

「とっくに始まってるよ。今まで何をやってた……、あ、ああ。泣かないで。い、いいんだよ、はい、始めてちょうだいね」

　早くも、山根先生の顔は、汗びっしょり。そこへ、またテストを持って来る子がいる。あいちゃんだ。

「先生、この答えって何ですか?」

「あのね、それはテストだから、教えられないの。テストだからね」

「ふうん」

　わかったような、わからないような顔をして、あいちゃんは席にもどった。早く終わった子は、前に出してお絵かき。ここは何とか乗り切った。そして給食の時間に突入。

「はーい、給食当番さんは、だれかな?」

「先生、目薬の時間です」

「は?」

　かずき君だ。

「先生、目薬……」

「ああ、目薬をさしてほしいわけね。わかった、わかった。はい、上向いて」

「……」

「あのね、目をつぶってたら、させないでしょ？　はい、目を開けて」

「だって、こわいよう」

　しかたないので先生は、目を閉じたままのかずき君に目薬をさしてあげた。

「ふうっ、ありがとうございました」

　礼儀正しいのはいいけど、これでいいのかなあ。

「給食当番さんは、どうなったのかな？　えっ、ど、どうすればいいのかな」

　山根先生、どうしていいかわかんないんだ。それを見かねて、隣のクラスの里見《さとみ》先生が、当番を引き連れて、配膳室へ行ってくれた。やれやれ、ひといき……、とはいかない。

「先生、たっちゃんが元気ないよ」

　はあっ、今度はたっちゃんか。

「どうしたの？　おなかでも痛いの？」

「ちがう。今日の給食、なす野菜カレーだから。ぼく、なすきらいなの」

「なす野菜カレー？　そんなのあったかな。どれどれ……。アハハ、ちがうよ。『夏野菜カレー』。なすじゃないから、だいじょうぶだよ」

　それを聞いて、とつぜん元気になるたっちゃん。よほど、なすがきらいなんだな。

「今日のデザート、『シューアイス』だ。しゅうまいが入ってるアイスなんだよね」

けいた君の言葉に、「そんなのいやだ～」っと、女の子たちからブーイング。間もなく、現物が届いた。

「ほーら、ちがったじゃん。けいた君のうそつき」

そのとき、かん高い声がした。

「けいた君だけじゃないよ。山根先生もうそつきだあ」

先生、きょとんとしてる。

「だってさっき、『なすは入ってない』って言ったのに」

食かんをのぞくと、カレーの具の中に、たっぷりとなすが入っていた。そうだよ。なすは夏野菜だもんなあ。

「いただきまーす！」

やっと、食事の時間になった。

「先生、あたし、歯がグラグラ」

まなちゃんが、わざわざ見せに来る。

「ぼくは歯がぬけて、ほら、口が血だらけ」

「ゆうと君。そんなの見せに来ないでいいの！　もう、食べた気がしないよ～」

　そこへ、なっちゃんが口をパカッと開けてやって来る。

「先生、〝いりこ〟の骨がささったあ」

「あのねえ、いりこには、ささるような骨はないの。だいじょうぶ！」

「でも、ささったあ」

「しょうがねえな。じゃあ、口を開けてごらん。えいえいえいっと。はい、取れた」

「あっ、本当だ。ありがとう、先生！」

　この単純さにはすくわれる。だけど、そろそろ限界に近い山根先生。まだ、先は長いですよ。


　そうじの時間になった。

「はいはい、どんどんつくえ運んで。ほら、つくえのとりっこしないで。だめ、ほうきで戦わない！　ぞうきんは、一方通行でしょ！　あーあ、ゴミをけとばすんじゃないってば！」

　これが戦場でなくて、なんだろう。山根先生は、めまいがしてきた。見ると、つくえの山から脱出できなくなって、もがいている子がいる。

「なにやってるんだよ、もう。ほらっ！」

先生が抱き上げて、どうにか脱出させる。

「あー、いいなあ」

「ずるいな、ゆうかちゃんばっかり」

「あたしもやって！」

「ぼくも、ぼくも～！」

先生は、その場にばたりと倒れてしまいたい気がした。

「いいかげんにしなさい。そうじは遊びじゃないぞ！」

一瞬、シーンとなった。

（やった、静かになったぞ！）

「先生、こうだい君がぞうきん投げるウ！」

「こら、こうだい君！　こっちへおいで」

シュンとしてやってくる、こうだい君。

「今は、おそうじ中でしょう？　それにおともだちにぞうきんなんかぶつけて、それでいい子かな？」

ううんと首を横にふるこうだい君。じっと、先生の胸のあたりを見ている。

（顔が上げられないのか。ふふっ、少しは反省したらしいな）

「先生……」

「ん？　何かな？」

先生たぶん、ごめんなさいの言葉か何か、期待したんだと思う。

「このシャツのマーク、うちのお父さんのとおんなじだ」

山根先生のTシャツのロゴマークを見てたんだ。ガクッと力がぬける先生。何だかかわいそうになっちゃう。


そんな洗濯機の中みたいに大混乱のそうじ時間も終わり、やっと帰りの会になった。

（ふうふう、もうひといきだ。がんばるぞ！）

山根先生、最後の力をふりしぼる！

「はあい、ついに帰りの会になりましたね。日直さん、お願いします」

おおっ、なんと順調に進むではないの。

（終わりよければすべてよし。よかった、よかった）

と、ここで終わらないのが一年生。

「今日のゲーム係さん、前に出てください」

「はい、今日は、『船長さんの命令』をやります」

〝船長さんの命令〟というのは、あの命令ゲームの変形だ。

「船長さんの命令。手を叩いてください」

「船長さんの命令。ジャンプしてください」

「すわってください。……わあっ、ひっかかった！」

山根先生は、そのようすをニコニコしながら見ている。その顔は、「もうすぐ帰りになる」という喜びに満ちていた。

「おっと、連絡帳にハンコを押さなくちゃ」

子どもたちが遊んでいる間に、先生はハンコ押しを始めた。

「船長さんの命令。グルグル回ってください」

みんなは、その場でグルグル回り出す。

「ねえ、つぎは何にしようか」

ゲーム係の相談が始まってしまった。

「足ドンドンにする？」

「うるさいからだめだよ」

「じゃあ、自分の体をくすぐるにする？」

「だめだよ、そんなの」

話し合いはいつまでも続く。先生は、ハンコ押しに集中してる。その時、ガタンと大きな音がした。

「いたーい」

りく君が、目を回して倒れた。

「うう～っ、目が回ったよう」

「先生、気持ちわるーい」

こうして教室は再び、動物園のような大騒ぎになってしまったのだった。山根先生は、心の底から、こうさけんだ。

「んもう、一年生って、いったいいなんなんだ！」

笑いのネタ7

マクラ小噺

似たもの親子

ひとりの子どもが屋根の上に上がっている。

「おい、そんなところで竿を振り回して、何やってるんだ」

「あ、兄ちゃん。あのね。おいらお星様をこれではたき落とそうと思って」

「バカなやつだ。そんな短い竿で落ちるもんか。もう一本、つながないとだめだぞ」

それを聞いた父親が言った。

「なるほど。さすが兄貴だけに言うことが利口だ」

へぼの助言

碁を打っている二人を、そばで見ている男がいた。

「あっ、そこの石は危ないな」

「へっ、碁のことなんかろくに知りもしないくせに、知ったような口きくんじゃないよ。一体、どこが危ないっていうんでい」

「その隅の石が危ないな」

「なにを言いやがる。ここはもうちゃんと目ができてるんでい。危ねえわけがねえや」

「でも危ない」

「うるせえな。どうして危ねえんだ」

「その石、下に落っこちそうで危ない」

手おくれ医者

患者をみる時には、必ず「手おくれ」だというこの医者。そう言っておけば、治らなくて元々。もしも治れば「手おくれを治した名医」ということになる。

「先生、大変だ。こいつが今し方屋根から落ちたんだ。診てやってくだせえ」

「うーん、これはちょっと手おくれだな」

「そんな。落っこちてすぐに運んできたんですぜ。それでも手おくれなんですかい？」

「ああ、手おくれだ。屋根から落ちる前に連れてこなくちゃいけないよ」

始末の金槌

けち兵衛《べえ》さんが、小僧さんに向かって言った。

「この柱に釘を打つんだ。お隣へ行って、金槌を借りといで」

「へーい。……旦那様、行ってきました」

「行ってきたってお前、金槌を持っていないじゃないか」

「へい、それが鉄の釘を打つのか、竹の釘を打つのかって聞くもんですから、鉄の釘だって言ったんです。そしたら、鉄と鉄とがぶつかると金槌が減るからだめだって」

「なんだあ？　なんてケチな野郎だ。ああ、そんなやつから借りるこたあねえ。うちのを使え」

落語

「日本人には、ユーモアのセンスが足りない」という人がいます。ところがどっこい、日本には昔から非常に質の高いユーモアが存在します。その代表格が、「落語」です。

辞書で「落語」をひいてみると、「滑稽を主とする話で、機知に富んだ結末で終わるもの」とあります。たんなるギャグに終わるのではなく、「オチ・サゲ」という極めて知的なユーモアを含む、優れた〝ユーモア芸術〟なのです。

ここでは、古典落語の中から、子どもにもわかりやすい内容の噺を、現代的な言い回しに直して紹介します。

つる

喜イ公《きいこう》と呼ばれる男が、町内の物知りと言われる男のところへやってきた。

「この掛け軸の鶴は、えろうりっぱでんなあ」

するとほめられた物知りは、鶴の名前の由来を得意顔でしゃべり始めた。

「昔、中国から一羽の首長鳥のオスがツーと飛んできて、浜松の松へポイッととまった。そのあとからメスが、ルーっと飛んで来たので、ツルというようになったんや」

そう教えてもらった喜ィ公は、友だちの家に押しかけていって、その話をいかにも得意げに話し始めた。

「オスの首長鳥がツルーと飛んできて……、あれっ？」

話は失敗。もう一度、物知りの所へ飛んでいく。

「たしか、こうでしたよね。はじめにオスがツーと飛んできて……」

「そやそや、それで？」

「えー、浜松の松にルッととまった。そのあとからメスが……、ええとメスが……」

「メスがどないしたんや」

「……だまって飛んできよった」

時そば

ある男が、屋台のそば屋でそばを食べている。

「うまいねえ、割り箸がまたいい箸だね。丼もいいや。つゆはダシがきいているし、そばはしっかりこしがある。ちくわがまた厚くって、こりゃ最高だね」

そんなお世辞をまくしたてる。食べ終わって、代金の十六文を払うことになった。

「小銭ではらうよ、手を出しな。一、二、三……」

と一文ずつ渡していく。

「七つ、八つ……、今何時だい？」

「へい、九つで」

「十、十一、十二……ほい、十六文」

と、一文ごまかして行ってしまった。それを見ていた与太郎は、

「あいつ、うまくやりやがったな。よし、明日の晩、

おいらもまねをしてみよう」

　と、小銭を用意して待っていた。そこへ昨夜とは別のそば屋が通りかかる。

「いい屋台だね。丼が……きたないねこりゃ。ちくわがまた……うすいね、ずいぶん」

　と、様子が昨夜とはかなり違ったが、それでもどうにかお世辞を並べ、代金を払うことになった。

「七つ、八つ……、今何時だい？」

「へい、四つで」

「五つ、六つ……」

目黒のさんま

　ある殿様が遠乗りに出かけ、目黒あたりまで来た。

「わしは、腹が減ったぞ。昼食の用意をいたせ」

　急のことで、けらいたちはとても困った。すると、近くの百姓の家で、さんまを焼いている。目黒では海から遠く、魚も新鮮なはずはない。けれど、そんなことを言っている場合ではない。焼きたてを分けてもらって、おそるおそる殿様に差し出した。

「うん、これはうまいさんまじゃ」

と、たいへんに気に入った様子。お城へ帰ってからも、このさんまの味が忘れられない。

　あるとき、このお殿様が、親戚の家を訪れた。

「これはこれは、ようこそ。すぐにお食事の用意を致します。何かお好みのものがございましたら、何なりとおっしゃってください」

「そうか。それではさんまが食べたい」

それを聞いたその家の人は、こう考えた。

「さんまか。あれは油っこいからな。……よし、殿のお体のことを考え、蒸してすっかり油を抜いてからお出ししよう」

ところが油の乗っていないさんまなど、おいしくはない。

「これ、このさんまはいずれから取りよせた」

「ははっ、魚河岸から、最高のものを吟味して取りよせました」

すると殿様は、首を横に振ってこう言った。

「それはいかん。さんまは目黒に限る」

化け物使い

あるところに、人使いの荒いご隠居がいた。あまり人使いが荒いので、お世話をする奉公人が、すぐに出て行ってしまう。ひとり、辛抱強い奉公人がいたが、隠居が化け物が出る、とうわさのある屋敷を安く買って移り住むことになったので、ついに出て行ってしまう。

「なんだ、結局わたしひとりで住むのか。ふん、働きの悪い奉公人など、いなくてもかまわないさ」

その日の夜、首筋がゾクッとしたので気がつくと、部屋のすみっこにひとつ目小僧がいる。ところがこのご隠居、少しも驚く様子がない。

「なんだ、ひとつ目小僧か。ちょうどいいところに出てきてくれた。ちょっとお膳を片づけておくれ。それが終わったら水汲み。そのあとは肩を叩いてお

くれ」

と、次々に用を言いつけるので、いやになって消えてしまう。

これを手始めに、大入道、のっぺらぼうなど、出てくる化け物みんなに、いろいろな用を言いつけた。

次の晩、なかなか化け物が出て来ない。ご隠居がふと、障子のかげを見ると、大きな狸がいる。

「ははあ、さてはお前だな。ひとつ目小僧や、大入道に化けて悪さをしていたのは。まあいい、こっちへ入れ」

すると狸は手を突いてこう言った。

「今日限り、おいとまを頂きます。こちらのように〝化け物使い〟が荒くては、とても辛抱できません」

饅頭こわい

若い者が集まって、この世で一番こわいものは何か、という話になった。

「おれはヘビがこわいね。あのニョロニョロってえのを見ると、だめなんだ」

「おれっちは、クモがこわいよ」

と、話は盛り上がる。そんな様子をせせら笑っている男がいた。

「おれには、こわいものなんかないね」

「おい、本当にないのかよ」

「あ、ああ、な、ない……ね」

「絶対だな。絶対にないんだな！」

そう問いつめられて、とうとうこわいものを白状してしまう。

「実は、この世でひとつだけこわいものがある。それ

は、饅頭だ」

「饅頭って、あの、中にあんこの入った……」

「うわあ、やめてくれ。思い出すだけでこわくてたまらねえ」

そう言ってがたがた震えだし、隣の部屋で寝込んでしまった。それを見た他の連中は、ふだんからおもしろくないやつだから、この際うんとこわがらせてやろうと企みをする。みんなで饅頭を買ってきて、枕元へ並べたのだ。そして隣の部屋で、聞き耳をたてていた。

「うわーっ、饅頭だ！　こわいよー！」

「へへっ、あの野郎、相当こわがっていやがるぜ。こりゃゆかいだ」

ところが男はなんと、饅頭を「こわい、こわい」と言いながら、パクパクと食べていたのだ。

「うわ〜ん、饅頭こわいよう、もぐもぐ」

「おい、何だか様子がへんだぜ。ちょっとのぞいて……、あっこの野郎。饅頭をみんな食っちまいやがった。やい、てめえ、本当にこわいのは何なんだ」

「うん、今度は苦いお茶が一杯こわい」

▲著者 山口　理（やまぐち　さとし）
東京都生まれ。大学卒業後、教職の傍ら執筆活動を続ける。のちに、執筆活動に専念。児童文学を中心に、様々なジャンルでの執筆を続けている。主な作品に『かけぬけて、春』（小学館）『あたしが桃太郎になった日』（岩崎書店）『河を歩いた夏』（あすなろ書房）『エリアは北へ』（アリス館）『それぞれの旅』（国土社）『父と娘の日本横断』（ポプラ社）『風のカケラ』（汐文社）『それいけ、はっちょ！シリーズ』（文研出版）『教室で語り聞かせる　こわ～い話』『5分間で読める・話せる　こわ～い話』『準備いらずのクイックことば遊び』（いずれもいかだ社）など多数。児童書だけでなく、一般・教師向けの著書も多い。現在、日本児童文学者協会理事。日本ペンクラブ会員。更に本業以外にも、日本ブーメラン協会監事、日本くるま旅協会会員など、遊び人の肩書きも豊富。

▲イラスト やまねあつし
1967年東京生まれ。サラリーマン生活を経て漫画家に転身。迷路・クイズの構成やイラスト・漫画等、子ども向けの本を手がけている。主に「いたずらぶっく」(小学館)やテレビアニメ絵本の企画構成など、幅広く活躍。

編集▲内田直子
ブックデザイン▲渡辺美知子デザイン室

教室で話したい　思わず笑っちゃう話

2006年3月12日　第1刷発行

著　者●山口 理©
発行人●新沼光太郎
発行所●株式会社いかだ社
〒102-0072 東京都千代田区飯田橋2-4-10 加島ビル
Tel. 03-3234-5365　Fax. 03-3234-5308
振替・00130-2-572993
印刷・製本　株式会社ミツワ

乱丁・落丁の場合はお取り換えいたします。
ISBN4-87051-186-x